Kontakt 1

Deutsch für fremdsprachige Jugendliche
Textbuch

Lehrmittelverlag
Zürich

IMPRESSUM

ilz Lehrmittel der Interkantonalen Lehrmittelzentrale

Projektleiter und Autor
Dr. Claudio Nodari

Autorinnen
Elisabeth Ambühl-Christen
Claudia Neugebauer

Beratende Kommission
Dr. Walter Kurmann
Ingrid Ohlsen
Prof. Dr. Paul R. Portmann
Dr. Otto Stern

Gestaltung
Hubert Hasler
Urs Kuster

Illustrationen
Pierre Thomé

Fotos
Herbert Lehmann

Bildnachweis
Urs Heer, Glarus (68, 69 u. r., 72)
Kümmerli + Frey, Bern (68/69)
Lehrmittelverlag Zürich,
aus: Zeiten Menschen Kulturen 6 (76, 77 o.)
Kurt Meyer, Netstal (69 u. l.)
Museum of Photography, International, New York
(77 u.)
Photoswissair, Zürich (69 o.)
ZEFA / K.+H. Benser, Zürich
(Umschlag und Titelseite)

Projektleiter Buchherstellung
Jakob Sturzenegger

Nach Rechtschreibreform 2006

© 1999 Lehrmittelverlag Zürich
7. unveränderte Auflage 2013 (6. Auflage 2011)
Printed in Switzerland
Klimaneutral gedruckt auf FSC-Recyclingpapier
ISBN 978-3-906742-28-1
www.lehrmittelverlag-zuerich.ch

Das Werk und seine Teile sind urheberrechtlich geschützt. Nachdruck, Vervielfältigung oder Verbreitung jeder Art – auch auszugsweise – nur mit vorheriger schriftlicher Genehmigung des Verlages.

Zeichenerklärung

Text auf CD

im Buch notieren

ins Heft schreiben

zu zweit

Gruppenarbeit

Grammatik und Übungen

INHALT

1

Seite	Textbuch	Grammatik- und Übungsbuch
6	Guten Tag	
8	Neu in der Schule	
9	Die Farben	
9	Das Schulmaterial	I Nomen im Nominativ (1)
10	Das Schulhaus	Lerntechnik: Ein Wörterbuch
11	Gespräche im Schulhaus	
12	Die Zahlen	
13	Das Geld	II Verben im Präsens
15	Die Uhrzeit	
17	Alinas Stundenplan	III Zeitangaben (1)
18	Auf dem Pausenplatz	
19	Menschen, Sprachen, Länder	
20	Lerntechnik: Lesen	
20	Duzen – Siezen	
21	Befehlen – Bitten	
21	Was? – Wie bitte?	
22	Alina und Lukas	
23	Das deutsche Alphabet	

2

Seite	Textbuch	Grammatik- und Übungsbuch
24	Wer bist du?	
26	Die Kleider	
26	Lerntechnik: der, das, die	
27	Im Kleidergeschäft	I Nomen im Nominativ (2)
		II Personalpronomen als Stellvertreter
28	Komplimente	III Possessivpronomen im Nominativ
29	Eine schwierige Kundin	IV Steigerung mit «zu»
30	Wintersport	V Nomen im Akkusativ
		Lerntechnik: Karten legen – Sätze bauen
32	Am Morgen	VI Reflexive Verben
33	Familie Lutz	VII Trennbare Verben
		VIII Modalverben
36	Müssen, müssen, müssen …	
37	Im Theaterkurs	
39	Aussprache: /ei/; /sch/	

3

Seite	Textbuch	Grammatik- und Übungsbuch
40	Am Bahnhof	
42	Am Billettschalter in Olten	
43	Bahnfahren	I Nomen im Dativ
		II Präpositionen mit Dativ
43	Am Kiosk	
44	Ivan hat sich verirrt	III Adverbien des Ortes
46	Lerntechnik: Das Lehrwerk-Rallye	
47	Telefonieren	
49	Auf dem Fundbüro	IV Verben im Perfekt
		Lerntechnik: Verbkarten
		V Verben «sein» und «haben» im Präteritum
50	Auf der Post	
51	Sprachen in der Schweiz	
52	Sprichst du gerne Hochdeutsch?	
53	Aussprache: h am Wortanfang; /u/ - /ü/ - /i/	

	Seite	Textbuch	Grammatik- und Übungsbuch
4	54	Die Geburtstagsparty – 1. Folge	
	56	Tierkreiszeichen – Zodiakus	I Zeitangaben (2)
	57	Geburtstag hier – Geburtstag dort	
	58	Die Geburtstagsparty – 2. Folge	
	59	Der Mietvertrag	
	60	Die Geburtstagsparty – 3. Folge	
	61	Die Lebensmittel	II Nomen und Adjektiv im Nominativ, Akkusativ und Dativ
			Lerntechnik: Karten legen – Sätze bauen
	63	Die Geburtstagsparty – 4. Folge	
	64	In der Küche	III Präpositionen mit Akkusativ oder Dativ
			IV Der einfache Satz
	65	Die Geburtstagsparty – 5. Folge	
	66	Lerntechnik: 1 Wort + 1 Wort = 1 Wort	
	66	Liebesgedichte	
	67	Aussprache: /ch/; /eu/	
5	68	Der Kanton Glarus	I Adjektiv: Die Steigerung
			Lerntechnik: Steigerung
	72	Vrenelis Gärtli	II Verben im Präteritum
	74	Lerntechnik: Nacherzählen	
	75	Landdienst	
	76	Die Jahrhunderte (Jh.)	
	76	Kinderarbeit in Fabriken	
	78	Auswanderung	III Adverbien der Zeit
			IV Die Satzverbindung
	80	Die Familie Winteler	
	82	Zwei Texte auf Schweizerdeutsch	
	83	Aussprache: /a/-/ä/-/e/; /äu/-/eu/; /pf/-/f/	
6	84	Anatomie des Menschen	
	87	Eine Schnupperlehre	
	89	Berufsbild: Arztgehilfin	
	90	Nelzina braucht einen Arzt	
	91	Gespräche im Sprechzimmer	I Personalpronomen im Nominativ, Akkusativ und Dativ
	92	So ein Pech	
	93	Entschuldigungen	III Rektion der Verben
	94	Die Hausapotheke	II Präpositionen mit Akkusativ
			Lerntechnik: Karten legen – Sätze bauen
	95	Was tun für die Gesundheit?	IV Nebensätze mit «dass», «weil», «wenn»
	96	Das Gebiss	
	97	Ein Loch im Zahn	
	98	Lerntechnik: Wie lernst du am besten?	
	99	Aussprache: /k/-/g/; /d/-/t/; /z/-/ts/	

Seite	Textbuch	Grammatik- und Übungsbuch

7

Seite	Textbuch	Grammatik- und Übungsbuch
100	Schulfrei – Freizeit	
102	Freizeit hier – Freizeit dort	Lerntechnik: Satzbaumodell
103	Treffs und Cliquen	I Nomen im Genitiv
		II Nomen mit n-Deklination
104	Berufsbild: Elektromonteur / Elektromonteurin	
105	Mein Sport: Basketball	III Verben im Futur
106	Ferienjobs	IV Nebensätze: Infinitivsatz
108	Sammeln	V Nebensätze: Relativsatz
109	Lerntechnik: Kategorien bilden	
	Assoziogramme erstellen	
110	Ein Liebespaar	
111	Aussprache: /w/ - /b/; /r/	

8

112	Tina und Samir	I Verben im Konjunktiv II
		II Wunschsatz und irrealer Bedingungssatz
		als Nebensatz
124	Wie könnte es weitergehen?	

125	Anhang: Hörtexte

5 fünf

Einheit 1

Guten Tag

1. Hör und lies.

Guten Tag, mein Name ist Claudio Nodari.

Hoi, ich bin Alexandra.

Sali, ich bin Linda.

Guten Tag, ich heisse Claudia Neugebauer.

Seite 6 Guten Tag
8 Neu in der Schule
9 Die Farben
9 Das Schulmaterial
10 Das Schulhaus
11 Gespräche im Schulhaus
12 Die Zahlen
13 Das Geld
15 Die Uhrzeit
17 Alinas Stundenplan
18 Auf dem Pausenplatz
19 Menschen, Sprachen, Länder
20 Lerntechnik: Lesen
20 Duzen – Siezen
21 Befehlen – Bitten
21 Was? – Wie bitte?
22 Alina und Lukas
23 Das deutsche Alphabet

Das kann ich …
- Ich kann grüssen.
- Ich kann mich vorstellen.
- Ich kann auf Deutsch zählen.
- Ich kann deutsch lesen.
- Ich kann buchstabieren.

Das verstehe ich …
- Ich verstehe die Uhrzeiten.
- Ich verstehe den Stundenplan.
- Ich verstehe die Lerntechnik: Lesen.

Das kenne ich …
- Ich kenne mein Schulhaus.
- Ich kenne die Schulsachen.
- Ich kenne das Schweizer Geld.

1

Neu in der Schule

1. Hör und lies die Szene.

Guten Tag, ich bin Frau Berger. Ich bin die Lehrerin.

Das ist Alina. Sie kommt aus Portugal. Sie ist neu hier.

Bitte, stellt euch vor.

Guten Tag, Alina. Ich heisse Linda. Ich komme aus Brasilien.

Sali, Alina. Ich heisse Marijana. Ich komme aus Kosovo.

Sali, Alina. Ich heisse Gabor. Ich komme aus Ungarn.

2. Spielt die Szene.

Mein Foto

3. Stell dich vor.

Wie heisst du?
Woher kommst du?

8 acht

Die Farben

Das Schulmaterial

1. **Mal das Schulmaterial an.**

   1. Das Heft ist blau.
   2. Das Blatt ist weiss.
   3. Der Ordner ist gelb.
   4. Das Buch ist violett.
   5. Der Farbstift ist grün.
   6. Der Bleistift ist rot.
   7. Der Spitzer ist schwarz.
   8. Der Gummi ist grau.
   9. Der Filzstift ist braun.
   10. Der Fülli ist rot.
   11. Die Patrone ist blau.
   12. Der Kugelschreiber ist grün.
   13. Das Etui ist rosa.
   14. Die Schere ist orange.
   15. Der Massstab ist braun.
   16. Das Geodreieck ist weiss.
   17. Der Zirkel ist grau.

2. **Bearbeite im Grammatik- und Übungsbuch: I Nomen im Nominativ (1), Seite 7.**

Das Schulhaus

1. Schau das Bild an und lern die Wörter.

1. der Pausenplatz
2. der Eingang
3. das Treppenhaus
4. die Treppe
5. die Garderobe
6. der Gang / der Korridor
7. die Tür
8. das Schulzimmer
9. das Lehrerzimmer
10. das WC / die Toilette
11. die Bibliothek
12. die Uhr
13. das Fenster
14. der Boden
15. die Decke
16. die Wand
17. das Lavabo
18. die Wandtafel
19. die Lampe
20. der Schrank
21. das Büchergestell
22. der Kassettenrekorder
23. der Computer
24. der Hellraumprojektor
25. der Tisch
26. der Stuhl
27. das Pult
28. der Papierkorb
29. die Leinwand

2. Bearbeite im Grammatik- und Übungsbuch: Lerntechnik: Ein Wörterbuch, Seite 8.

Gespräche im Schulhaus

1. Hör und lies.

Frau Berger:	Guten Tag, Herr Koller. Darf ich Ihnen Alina vorstellen? Sie ist neu hier.
Herr Koller:	Freut mich, Alina. Ich bin der Abwart.
Alina:	Guten Tag.

Frau Berger:	Guten Morgen, Frau Balsiger.		Herr Good:	Ah, eine neue Schülerin.
Frau Balsiger:	Guten Tag, Frau Berger.		Frau Berger:	Sie heisst Alina.
Frau Berger:	Das ist Alina, eine neue Schülerin.		Herr Good:	Sali Alina, ich bin Herr Good.
Alina:	Guten Tag.		Alina:	Guten Tag, Herr Good.
Frau Balsiger:	Woher kommst du?		Herr Good:	Woher kommst du?
Alina:	Aus Portugal.		Alina:	Ich komme aus Portugal.

2. Spielt die Szenen.

guten Morgen	guten Tag	guten Abend	gute Nacht
	grüezi / grüessech		

11 elf

Die Zahlen

1. Hör und sprich nach.

0	null						
1	eins	11	elf	21	einundzwanzig	40	vierzig
2	zwei	12	zwölf	22	zweiundzwanzig	50	fünfzig
3	drei	13	dreizehn	23	dreiundzwanzig	60	sechzig
4	vier	14	vierzehn	…	……	70	siebzig
5	fünf	15	fünfzehn	…	……	80	achtzig
6	sechs	16	sechzehn	30	dreissig	90	neunzig
7	sieben	17	siebzehn	31	einunddreissig	100	hundert
8	acht	18	achtzehn	32	zweiunddreissig	200	zweihundert
9	neun	19	neunzehn	…	……	1 000	tausend
10	zehn	20	zwanzig	…	……	1 000 000	eine Million

2. Hör und schreib die Zahlen.

	Hefte		Zeichenblätter
	Bleistifte		Farbstifte
	Füllis		Filzstifte
	Patronen		Kugelschreiber
	Lineale		Ordner
	Gummis		Spitzer
	Kreiden		Malkasten
	Stundenpläne		Pinsel
	Bücher		Zirkel
	Wörterbücher		Papierblöcke

3. Zähl im Schulzimmer.

Wie viele Fenster hat es?		Wie viele Schülerinnen hat es?	
Wie viele Stühle hat es?		Wie viele Schultaschen hat es?	
Wie viele Tische hat es?		Wie viele Wandtafeln hat es?	
Wie viele Schüler hat es?			

4. Zähl im Schulhaus.

Wie viele Schulzimmer hat es?		Wie viele Lehrerinnen hat es?	
Wie viele Eingänge hat es?		Wie viele Toiletten hat es?	
Wie viele Treppen hat es?		Wie viele Turnhallen hat es?	
Wie viele Lehrer hat es?			

Das Geld

1. **Hör zu und schau die Münzen an.**

Rappen	5 Rp.	10 Rp.	20 Rp.	50 Rp.	100 Rp.	200 Rp.	500 Rp.
Franken	Fr. –.05	Fr. –.10	Fr. –.20	Fr. –.50	Fr. 1.–	Fr. 2.–	Fr. 5.–

Das sind die Münzen. Die Münzen sind aus Metall.
Kennst du die Noten? Die Noten sind aus Papier.

2. **Schreib die Sätze ab und rechne.**

1. Ein Heft kostet Fr. 1.20.   Wie viel kosten zwei Hefte?
2. Ein Bleistift kostet Fr. –.30.   Wie viel kosten zehn Bleistifte?
3. Ein Fülli kostet Fr. 17.–.   Wie viel kosten zwei Füllis?
4. Ein Lineal kostet Fr. 1.80.   Wie viel kosten fünf Lineale?
5. Ein Gummi kostet 50 Rappen.   Wie viel kosten fünf Gummis?
6. Ein Wörterbuch kostet Fr. 18.–.   Wie viel kosten zwölf Wörterbücher?
7. Zwölf Farbstifte kosten Fr. 7.20.   Wie viel kostet ein Farbstift?
8. Tausend Zeichenblätter kosten Fr. 162.–.   Wie viel kosten hundert Zeichenblätter?
9. Sechzig Patronen kosten Fr. 24.–.   Wie viel kosten sechs Patronen?
10. Hundert Kreiden kosten Fr. 5.–.   Wie viel kosten zwei Kreiden?

3. **Lies die folgenden Rechnungen und lern die Wörter.**

$10 + 5 = 15$ — plus, gleich

$3 \times 15 = 45$ — mal, gleich   oder multipliziert mit

$12 - 7 = 5$ — minus, gleich

$55 : 5 = 11$ — geteilt durch, gleich   oder dividiert durch

4. Hör zu und schreib die Preise.

5. Lies und rechne.

1. Was kosten vier Hefte und zwei Bleistifte?
2. Alina kauft ein Wörterbuch und ein Heft. Wie viel bezahlt sie?
3. Was kosten fünf Bleistifte, vier Filzstifte und ein Kugelschreiber?
4. Du kaufst ein Heft, zwei Ordner und zwei Pinsel. Wie viel musst du bezahlen?
5. Was kosten vier Malkästen, zwei Etuis und fünf Wörterbücher?
6. Du kaufst ein Wörterbuch und drei Ordner. Wie viel bezahlst du?
7. Die Lehrerin kauft zehn Malkästen, 20 Hefte, 10 Scheren und 15 Lineale. Wie viel kostet das alles?
8. Was kosten alle Schulsachen in Übung 4 zusammen?

6. Bearbeite im Grammatik- und Übungsbuch: II Verben im Präsens, Seite 9.

Die Uhrzeit

1. Hör bitte und lies.

Am Morgen

| 7.00 | 7.03 | 7.22 | 7.25 | 7.30 | 7.38 | 7.45 |

Am Abend

| 19.35 | 19.45 | 19.50 | 20.00 | 20.15 | 20.21 | 20.58 |

2. Hör bitte und notier die Uhrzeiten.

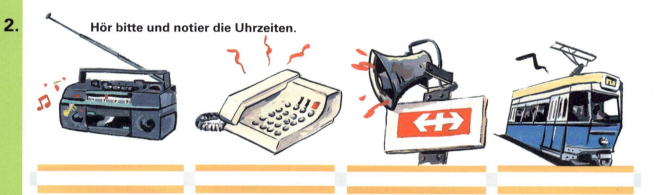

3. Die Leute sagen die Uhrzeiten so.

Am Morgen — Entschuldigung, wie spät ist es? — Es ist zehn vor acht.

Am Abend — Entschuldigung, wie spät ist es? — Es ist zwanzig nach sieben.

4. Hör zu und schau die Uhren an.

Am Morgen

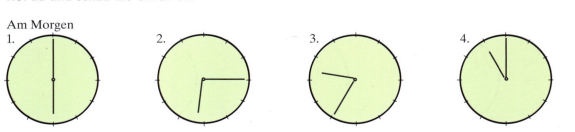

fünfzehn

Am Nachmittag und am Abend

1. 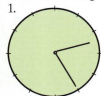 2. 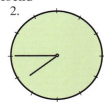 3. 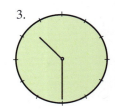 4.

5. **Lern die Uhrzeiten auf Deutsch.**

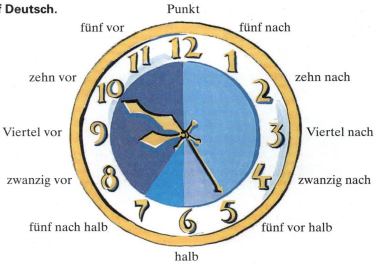

6. **Schreib Sätze zu den Uhrzeiten.**

Beispiel:

12.00 = *Es ist Punkt zwölf Uhr.*
18.05 = *Es ist fünf nach sechs.*

| 10.30 | 9.15 | 5.50 | 14.35 | 22.45 | 17.40 | 1.05 | 00.30 | 7.45 | 10.25 |

7. **Hör bitte und zeichne die Uhrzeit ein.**

Wie spät ist es?

1. 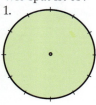 2. 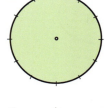 3. 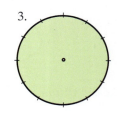 4.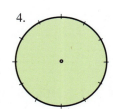

5. 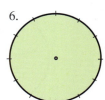 6. 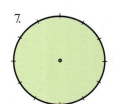 7.

16 sechzehn

Alinas Stundenplan

1. Hör zu und schau den Stundenplan an.

Marijana: Alina komm, ich erklär dir deinen Stundenplan.
Du hast jeden Tag Schule: am Montag, am Dienstag, am Mittwoch, am Donnerstag, am Freitag und auch am Samstag.

Alina: Und am Sonntag?

Marijana: Am Sonntag hast du natürlich frei!
Du hast auch frei am Mittwochnachmittag und am Samstagnachmittag.

Alina: Aha.

Marijana: Der Unterricht beginnt am Vormittag um halb acht Uhr.
Du hast fünf Lektionen bis Viertel vor zwölf.

Alina: Was bedeutet Vormittag?

Marijana: Wir sagen Morgen oder Vormittag. Das bedeutet das Gleiche.

Alina: Also, ich habe jeden Tag um halb acht Uhr Schule. Stimmt das?

Marijana: Nein. Am Donnerstag und am Samstag haben wir erst um zwanzig nach acht Uhr Unterricht. Der Unterricht dauert am Montag und am Dienstag nur bis fünf vor elf. Am Nachmittag ist es so: Am Montag, am Dienstag und am Freitag haben wir von halb zwei bis fünf nach drei Schule.

Alina: Und am Donnerstag?

Marijana: Am Donnerstag haben wir von zwanzig nach zwei bis fünf nach vier Schule. Ah, etwas habe ich noch vergessen: Wir haben jeden Morgen um zehn Uhr eine Viertelstunde Pause, von 9.55 bis 10.10.

Alina: Haben wir am Nachmittag auch eine Pause?

Marijana: Ja, die Pause dauert von 15.05 bis 15.20.

Alina: Vielen Dank, Marijana.

Marijana: Bitte bitte, gern geschehen.

Stundenplan für die 1. Oberschule.

Zeit	Montag	Dienstag	Mittwoch	Donnerstag	Freitag	Samstag
07.30 – 08.15	Deutsch	Musik	Französisch		Mathematik	
08.20 – 09.05	Geschichte	Deutsch	Deutsch	Hauswirtschaft	Mathematik	Turnen
09.10 – 09.55	Geografie	Turnen	Mathematik	Hauswirtschaft	Turnen	Mathematik
10.10 – 10.55	Mathematik	Mathematik	Biologie	Hauswirtschaft	Deutsch	Französisch
11.00 – 11.45			Biologie	Hauswirtschaft	Geschichte	Deutsch
13.30 – 14.15	Werken	Französisch			Zeichnen	
14.20 – 15.05	Werken	Biologie		Französisch	Zeichnen	
15.20 – 16.05				Religion		
16.10 – 16.55						

2. Bearbeite im Grammatik- und Übungsbuch: III Zeitangaben (1), Seite 14.

Auf dem Pausenplatz

1. Hört die Szenen auf dem Pausenplatz. Wählt eine Szene aus und lernt sie auswendig.

1. Szene

Marijana: Heute Nachmittag ist frei. Ich gehe ins Schwimmbad. Kommst du mit?
Alina: Ja, aber ich habe Hausaufgaben.
Marijana: Ich auch. Weisst du was? Zuerst machen wir die Hausaufgaben, nachher hol ich dich zuhause ab. Bist du um drei Uhr fertig?
Alina: Ja, ich muss nur Wörter lernen und einen Text lesen.
Marijana: Nimm Geld mit für den Eintritt. Tschüss, bis dann!

2. Szene

Lukas und Murat: Sali zäme. Wir haben heute Morgen Musikunterricht bei Herrn Matter. Und ihr, was habt ihr?
André und Felix: Wir haben bei unserem Klassenlehrer Schule: Deutsch, Mathematik und Werken. Sehen wir uns in der Pause?
Lukas und Murat: Ja, wir können in der Pause zusammen Tischtennis spielen. Habt ihr Bälle?
André und Felix: Ja, sie sind ganz neu.

3. Szene

Miguel: Linda, weisst du es schon?
Linda: Was denn?
Miguel: Sabina, Gabor und Sandra gehen zusammen ins Kino.
Linda: Wie alt sind sie denn?
Miguel: Sie sind noch nicht 16. Aber du bist 16 Jahre alt, ich auch. Gehen wir zusammen ins Kino?
Linda: Nein, ich kann nicht.

4. Szene

Sergio: Sali Monika. Und wo ist Heinz?
Monika: Ich weiss es nicht. Ich sehe Heinz auch nicht.
Sergio: Vielleicht ist er noch zuhause.
Monika: Ich verstehe das nicht. Sonst kommt er immer pünktlich auf die Minute.
Sergio: Warten wir oder gehen wir ohne ihn in die Stadt?
Monika: Wir warten noch fünf Minuten, dann gehen wir.

5. Szene

Alexandra: Sabrina, weisst du, woher Alina kommt?
Sabrina: Sie kommt aus Portugal. Sie spricht Portugiesisch.
Alexandra: Kann sie schon Deutsch?
Sabrina: Nein, sie lernt jetzt.
Alexandra: Wie alt ist sie?
Sabrina: Sie ist 15 Jahre alt. Sie kommt aus Porto wie ich. Schau, dort ist sie. Komm, wir gehen zu ihr.

Menschen, Sprachen, Länder

1. Lies die Tabelle und ergänz sie.

das Land	die Sprache	der Mann	die Frau
die Schweiz	Deutsch / Französisch / Italienisch / Rätoromanisch	der Schweizer	die Schweizerin
Deutschland	Deutsch	der Deutsche	die Deutsche
Österreich	Deutsch	*der Österreicher*	die Österreicherin
Italien	Italienisch	der Italiener	die Italienerin
Spanien	Spanisch	der Spanier	
Slowenien		der Slowene	
Rumänien			die Rumänin
Ägypten	Arabisch		die Ägypterin
Ungarn	Ungarisch	der Ungar	
die Türkei	Türkisch		
Portugal	Portugiesisch		
China	Chinesisch	der Chinese	
Mexiko	Spanisch		die Mexikanerin
Frankreich	Französisch	der Franzose	die Französin
Griechenland	Griechisch	der Grieche	die Griechin
Russland			

Merke:

Singular	Plural
der Italiener	die Italiener
die Italienerin	die Italienerinnen

Singular	Plural
der Deutsche	die Deutschen
die Deutsche	die Deutschen

2. Übe schriftlich oder mündlich.

1. – Welche Sprache sprechen die Italienerinnen und Italiener?
   – Die Italienerinnen und Italiener sprechen Italienisch.

2. – Welche Sprachen sprechen viele Italienerinnen und Italiener?
   – Viele Italienerinnen und Italiener sprechen auch Englisch oder Deutsch.

3. – Wo leben die Italienerinnen und Italiener?
   – Die Italienerinnen und Italiener leben in Italien.

4. – Wo leben auch viele Italienerinnen und Italiener?
   – Viele Italienerinnen und Italiener leben auch in der Schweiz.

3. Lies das Gedicht.
Schreib selber ein Gedicht.

Die Menschenkonjugation

Ich bin Türke.
Du bist Schweizerin.
Er ist Grieche.
Sie ist Spanierin.
Es ist gleich.
Wir sind Menschen von dort.
Ihr seid Menschen von hier.
Sie sind auch Menschen dieser Erde.

Und Sie? Was sind Sie?

Duzen

 **1.** Hör zu und schau die Bilder an.

Siezen

2. Schau im Grammatik- und Übungsbuch Seite 12 und such die Höflichkeitsform der Verben.

 3. Hör die Szenen. Du oder Sie? Kreuz an.

	1.	2.	3.	4.	5.	6.	7.	8.
Sie	X							
Du								

Befehlen ## Bitten

1. Hör zu und schau die Bilder an.

2. Hör die Szenen. Du oder Sie? Kreuz an.

	1.	2.	3.	4.	5.	6.	7.	8.
Sie								
Du	X							

Was? ## Wie bitte?

1. Hör die Szenen und schau die Bilder an.

2. Hör die Szenen und schreib die fehlenden Wörter ein.

1. A: Du, wie spät ist es?
   B: Äh, ich glaub ungefähr fünf nach zehn.
   A: _____? Ich habe _____ verstanden.
   B: Es ist fünf Minuten nach zehn.
   A: Danke.

2. A: Lest auf Seite 23 Übung 1 und schreibt die Übung 2 ins Heft.
   B: Wie bitte? Ich habe Sie nicht _____.
   A: Lest auf Seite 23 Übung 1 und schreibt die Übung 2 ins Heft.

3. A: Also bei dieser Rechnung komm ich nicht draus.
   B: Was hast du gesagt? Ich verstehe _____ ?
   A: Ich komme nicht draus!
   B: _____ bedeutet _____ ?
   A: Ich verstehe die Rechnung nicht!
   B: Ach so! Das ist doch ganz _____ !

4. A: Drei plus siebenundzwanzig geteilt durch zwei minus fünf gleich wie viel?
   B: _____ ! Ich verstehe _____.
   A: Drei plus siebenundzwanzig geteilt durch zwei minus fünf gleich wie viel?
   B: Können _____ wiederholen? Ich kann _____ schnell rechnen.

1

Alina und Lukas

1. Hör zu und lies den Text.

Lukas:	Hoi, wie heisst du?
Alina:	Ich heisse Alina. Und du?
Lukas:	Ich bin Lukas. Was für eine Sprache sprichst du?
Alina:	Ich spreche zuhause Portugiesisch. Und du?
Lukas:	Ich spreche Polnisch und Deutsch. Wo wohnst du?
Alina:	Ich wohne an der Dorfstrasse 23. Und du?
Lukas:	Ah, das ist ganz nahe bei mir. Ich wohne an der Hügelstrasse.
Alina:	Wie alt bist du?
Lukas:	Ich bin sechzehn. Und du?
Alina:	Rat mal!
Lukas:	Ich weiss nicht … Ah, die Pause ist fertig. Wart! Gehst du um 12 Uhr nach Hause?
Alina:	Ja, warum?
Lukas:	Wart hier auf mich. Wir können zusammen gehen.
Alina:	O.k. Tschüss.
Lukas:	Tschau!

2. Schreib folgende wichtige Adressen auf.

Meine Adresse		Adresse Lehrerin/Lehrer		Adresse Schulhaus	
Vorname		Vorname		Schulhaus	
Name		Name		Strasse, Nr.	
Strasse, Nr.		Strasse, Nr.		PLZ, Ort	
PLZ, Ort		PLZ, Ort		Tel.	
Tel.		Tel.			

3. Mach eine Adressenliste der Schülerinnen und Schüler deiner Klasse.

RÜCKBLICK

Schau auf Seite 6.

Wie viele Themen hat die Einheit?

Zeichne die Gesichtchen: ☺ = gut 😐 = es geht ☹ = schlecht

Zur Lerntechnik «Lesen» (Seite 20)

Ich brauche diese Lerntechnik:

☐ 1-mal pro Monat   ☐ 1-mal pro Woche   ☐ 2-mal pro Woche   ☐ 1-mal pro Tag   ☐ nie

DAS DEUTSCHE ALPHABET

1. Hör bitte gut zu und sprich die Buchstaben nach.

buchstabiert

A	a	𝒜	a		aa
B	b	ℬ	b		be
C	c	𝒞	c		ce
D	d	𝒟	d		de
E	e	ℰ	e		ee
F	f	ℱ	f		ef
G	g	𝒢	g		ge
H	h	ℋ	h		ha
I	i	ℐ	i		ii
J	j	𝒥	j		jot
K	k	𝒦	k		ka
L	l	ℒ	l		el
M	m	ℳ	m		em
N	n	𝒩	n		en
O	o	𝒪	o		oo
P	p	𝒫	p		pe
Q	q	𝒬	q		qu
R	r	ℛ	r		er
S	s	𝒮	s		es
T	t	𝒯	t		te
U	u	𝒰	u		uu
V	v	𝒱	v		vau
W	w	𝒲	w		we
X	x	𝒳	x		ix
Y	y	𝒴	y		ypsilon
Z	z	𝒵	z		zet
Ä	ä	𝒜̈	ä		ää
Ö	ö	𝒪̈	ö		öö
Ü	ü	𝒰̈	ü		üü
Au	au	Au	au	aa	uu
Äu	äu	Äu	äu	ää	uu
Eu	eu	Eu	eu	ee	ii
Ei	ei	Ei	ei	ee	uu
Ch	ch	Ch	ch	ce	ha
Sch	sch	Sch	sch	es ce	ha
Sp	sp	Sp	sp	es	pe
St	st	St	st	es	te

2. Hör zu und lies.

Im Unterricht

Schülerin: Wie heisst das auf Deutsch?
Lehrerin: Zirkel, der Zirkel.
Schülerin: Und wie schreibt man das?
Lehrerin: Wie man es sagt. Z-i-r-k-e-l.
Schülerin: Können Sie es bitte buchstabieren?
Lehrerin: Zet - ii - er - ka - ee - el.
Schülerin: Schreibt man das gross oder klein?
Lehrerin: Gross. Zirkel ist ein Nomen. Der Zirkel.
Schülerin: Vielen Dank.
Lehrerin: Bitte.

3. Hör zu und lies.

In der Bibliothek

Junge: Guten Tag. Ich möchte ein Buch ausleihen.
Bibliothekar: Guten Tag. Hast du schon eine Benützerkarte?
Junge: Nein.
Bibliothekar: Gut, dann muss ich zuerst deine Daten haben. Wie heisst du?
Junge: Franco Guglielmo.
Bibliothekar: Und wie ist dein Familienname?
Junge: Guglielmo.
Bibliothekar: Wie bitte? Kannst du wiederholen?
Junge: G-u-g-l-i-e-l-m-o.
Bibliothekar: Buchstabiere bitte.
Junge: Ge - uu - ge - el - ii - ee - el - em - oo. Guglielmo.
Bibliothekar: Und dein Vorname?
Junge: Franco. Ef - er - aa - en - ce - oo.
Bibliothekar: Wo wohnst du?
Junge: In Rheinfelden.
Bibliothekar: Und deine Adresse?
Junge: Alte Landstrasse 243, 4310 Rheinfelden.
Bibliothekar: Telefon?
Junge: 061 / 361 00 21.
Bibliothekar: So, das ist alles. Hier ist deine Karte. Jetzt kannst du Bücher ausleihen.
Junge: Vielen Dank.

Einheit

Seite	24	Wer bist du?
	26	Die Kleider
	26	Lerntechnik: der, das, die
	27	Im Kleidergeschäft
	28	Komplimente
	29	Eine schwierige Kundin
	30	Wintersport
	32	Am Morgen
	33	Familie Lutz
	36	Müssen, müssen, müssen …
	37	Im Theaterkurs
	39	Aussprache: /ei/; /sch/

Das kann ich …

- Ich kann mich vorstellen.
- Ich kann mich beschreiben.
- Ich kann über Kleider sprechen.
- Ich kann deutsch lesen.
- Ich kann meinen Tagesablauf beschreiben.

Das verstehe ich …

- Ich verstehe die Dialoge im Kleidergeschäft.
- Ich verstehe einen Tagesablauf.
- Ich verstehe die Lerntechnik «der, das, die».

Das kenne ich …

- Ich kenne die Kleider.
- Ich kenne die Jahreszeiten.
- Ich kenne die Körperteile.
- Ich kenne die Längen- und Gewichtsmasse.

Wer bist du?

1. Hör zu und notier die Reihenfolge.

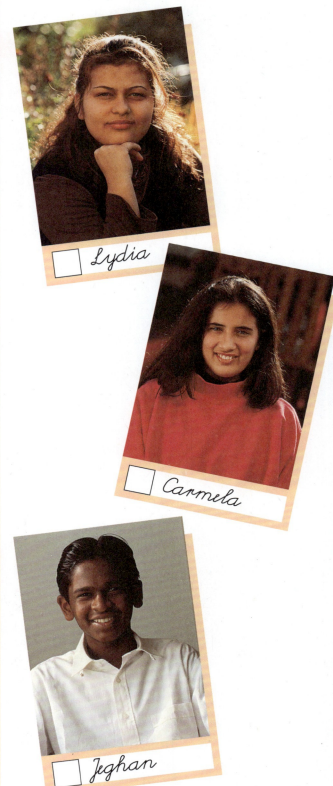

| 1 | Markus |

| | Pedro |

| | Fadime |

2. Lies die Texte. Verstehst du alles? Benütz ein Wörterbuch.

Hoi. Ich heisse Kuang Sik. Ich komme aus Korea. Ich bin sechzehn Jahre alt. Ich bin seit fünf Monaten in der Schweiz. Ich mag lange Pullover.

Ich heisse Ehsan. Ich komme aus dem Iran. Meine Heimatstadt heisst Teheran. Ich bin vierzehn Jahre alt. Seit zwei Jahren wohne ich in der Schweiz. Ich lerne Deutsch und Französisch. Zuhause spreche ich Persisch, und ich kann auch Englisch. Ich trage meistens eine Baseballmütze.

3. Markus, Fadime, Carmela, Jeghan, Pedro und Lydia stellen sich auf der CD vor. Wähl eine Person. Schreib, was sie sagt. Korrigier den Text. (Siehe Hörtexte im Anhang, Seite 125.)

4. Stell dich selber vor. Schreib einen Text.

Die Kleider

1. Verbinde die Wörter mit dem Bild.

der Mantel
das T-Shirt
die Bluse
das Hemd
der Gürtel
die Krawatte
der Jupe / der Rock
die Hose
das Kleid
die Pantoffeln (pl.)
die Finken (pl.)
der BH
(= der Büstenhalter)

die Jacke
der Pullover
der Schal
das Kopftuch
die Socken (pl.)
die Mütze
der Hut
die Schuhe (pl.)
die Unterhose
die Strumpfhose
die Stiefel (pl.)
die Handschuhe (pl.)

2. Was hörst du? Notier die Reihenfolge.

☐ Jupes
1 Krawatten
☐ Schuhe
☐ Hemden
☐ Blusen
☐ Mantel
☐ Pullover
☐ Strumpfhosen
☐ Kleider
☐ Stiefel
☐ Mützen
☐ Hüte
☐ Socken
☐ Handschuhe
☐ T-Shirts
☐ Jacken

LERNTECHNIK

der…? das…? die…?

Wie lerne ich den Artikel?

Zum Beispiel so:
1. Besorg dir Schreibkarten oder schneid selbst Karten (7,5 cm×15 cm).
2. Schreib auf die Karten:

vorne	hinten
Hemd	das Hemd (sg.) die Hemden (pl.)

Lern jeden Tag zehn Minuten.

Karte vorne laut lesen.

Artikel und Nomen laut sagen.

Karte umdrehen und überprüfen.

Richtig?
Karte versorgen und nächste Woche wiederholen.

Falsch?
Karte behalten und am nächsten Tag wiederholen.

Im Kleidergeschäft

Markus, Pedro und Kuang Sik haben heute frei. Sie sind im Kleidergeschäft und probieren Kleider.

 1. Bearbeite im Grammatik- und Übungsbuch: I Nomen im Nominativ (2), Seite 17.

 2. **Stellt die Fragen und antwortet frei.**

Beispiel: Gefällt dir der Mantel?   Ja, er gefällt mir. / Nein, er gefällt mir nicht.

1. Gefällt dir der …?   Ja, er … / Nein, er …
2. Gefällt dir die …?   Ja, sie … / Nein, sie …
3. Gefällt dir das …?   Ja, es … / Nein, es …
4. Gefällt dir der …?   Ja, er … / Nein, er …
5. Gefällt dir die …?   Ja, sie … / Nein, sie …
6. Gefällt dir der …?   Ja, er … / Nein, er …
7. Gefällt dir das …?   Ja, es … / Nein, es …
8. Gefällt dir das …?   Ja, es … / Nein, es …
9. Gefallen dir die …?   Ja, sie gefallen mir. / Nein, sie gefallen mir nicht.
10. Gefallen dir die …?   Ja, sie … / Nein, sie …

 3. **Schaut auf Seite 26 die Kleider an und übt weiter wie in Übung 2.**

 4. **Bearbeite im Grammatik- und Übungsbuch: II Personalpronomen als Stellvertreter, Seite 20.**

Komplimente

1. Hör zu und lies.

2. Hör zu und ergänz die Dialoge.

1. – Wie gefällt euch _____ Pullover?
   – Sehr gut. Und _____ Hose passt gut dazu.
   – Ist _____ Gürtel auch neu?
   – Ja, und _____ Schuhe haben die gleiche Farbe.

2. – Du, _____ Schuhe gefallen mir nicht.
   – Ach…, mir gefallen _____ Schuhe ganz gut.
   – _____ Hose passt nicht dazu.
   – Oh…, meine Hose ist ganz neu.
   – Und _____ Pullover …
   – Hör mal! _____ Kleider. Mir gefallen sie.

3. – Schau, dort kommen Sandro und Carmela.
   – Sandro hat schöne Kleider. _____ Mantel gefällt mir.
   – Und Carmela. _____ Kleider sind mal wieder rosa.
   – Immer rosa! _____ Jacke ist rosa, _____ Jupe ist rosa, _____ Strumpfhose ist rosa.
   – Nur _____ Schuhe sind grün.
   – Und _____ Haare sind dunkelbraun.

4. – Das ist unser Lehrer. _____ Krawatte gefällt mir nicht.
   – Mir gefällt sie und _____ Hemd passt gut dazu.
   – Das ist Geschmacksache.

 3. Nimm einen Modekatalog. Wähl drei Fotos und schreib ähnliche Dialoge als Comic.

 4. Bearbeite im Grammatik- und Übungsbuch: III Possessivpronomen im Nominativ, Seite 21.

Eine schwierige Kundin

Verkäuferin:	Guten Tag. Kann ich Ihnen helfen?
Kundin:	Ja, ich suche einen Mantel.
Verkäuferin:	Bitte kommen Sie mit mir. Hier haben wir Mäntel und Jacken. Blau und Grün sind jetzt Mode.
Kundin:	Ah, ja? Grün steht mir nicht. Aber der blaue Mantel dort gefällt mir. Wie viel kostet er?
Verkäuferin:	550 Franken.
Kundin:	Oh! Das ist zu teuer.
Verkäuferin:	Hier sind die Jacken. Sie kosten weniger.
Kundin:	Gut. Kann ich eine probieren?
Verkäuferin:	Bitte. Diese Jacke steht Ihnen sicher gut.
Kundin:	Ja, sie ist schön, aber viel zu grün.
Verkäuferin:	Vielleicht eine blaue Jacke?
Kundin:	Sehr gut. Ich ziehe sie an. Ach nein! Sie ist zu kurz.
Verkäuferin:	Jacken sind immer kurz. Wir haben aber auch günstige Mäntel. Hier ein wunderschöner Mantel für nur 180 Franken.
Kundin:	Er gefällt mir nicht! Er ist zu weit. Er macht mich sicher dick.
Verkäuferin:	Dick? Die Mode ist jetzt aber so.
Kundin:	Oder vielleicht kaufe ich doch lieber ein Kleid. Haben Sie neue Modelle?
Verkäuferin:	Ja, sicher. Da drüben.
Kundin:	Oh, dieses Kleid gefällt mir! Violett ist meine Lieblingsfarbe.
Verkäuferin:	Ja, es ist sehr exklusiv. Es ist auch nicht billig. Es kostet 750 Franken.
Kundin:	Darf ich es probieren?
Verkäuferin:	Aber bitte. Dort ist die Kabine.
Kundin:	Können Sie mir bitte den Reissverschluss schliessen? Danke. Es ist wirklich sehr schön. Wie viel kostet es?
Verkäuferin:	750 Franken.
Kundin:	Ah?! 750 Franken. Es steht mir gut, nicht wahr?
Verkäuferin:	Ja, sicher.
Kundin:	Aber die Farbe ist doch zu violett. Das macht mich so bleich. Vielleicht kaufe ich doch lieber eine Hose.
Verkäuferin:	Eine Hose?!?
Kundin:	Ja, ich trage sowieso fast nie ein Kleid.
Verkäuferin:	Also gut. Dort drüben sind die Hosen. Aber verzeihen Sie. Wir schliessen in drei Minuten.
Kundin:	Oh je! Dann muss ich mich beeilen.
Verkäuferin:	Kommen Sie doch morgen wieder.
Kundin:	Ja, das ist wohl das Beste. Ich komme um zehn Uhr. Dann habe ich genug Zeit.
Verkäuferin:	Natürlich. Auf Wiedersehen.
Kundin:	Auf Wiedersehen.
Verkäuferin:	Zum Glück habe ich morgen frei.

1. **Lest den Dialog zusammen.
Lernt je eine Rolle auswendig und spielt die Szene.
Ihr könnt die Sätze auch variieren.**

2. Bearbeite im Grammatik- und Übungsbuch: IV Steigerung mit «zu», Seite 23.

Wintersport

1. Im Februar organisiert die Schule einen Ski- und Schlitteltag. Lies den Text.

2. Hör und lies das Gespräch.

Fadime: Ich brauche Handschuhe.
Songül: Du kannst meine Handschuhe haben. Hast du einen Schal?
Fadime: Nein, ich brauche auch einen Schal.
Songül: Du kannst meinen roten Schal haben.
Fadime: Ziehst du einen Mantel oder eine Jacke an?
Songül: Ich ziehe nur den Pullover an. Er ist warm genug.
Fadime: Ich ziehe einen Pullover an und nehme noch eine Jacke mit.

3. Schreib die folgenden Wörter in dein Wörterheft und übersetz sie in deine Muttersprache.

die Skier	die Skihose	der Schlitten	die Skischuhe
der Skianzug	die Schlittschuhe	die Skijacke	

4. Hör die Gespräche und notier, was Carmela, Jeghan und Alina brauchen.

1. Was braucht Carmela?	2. Was braucht Jeghan?	3. Was braucht Alina?

5. Bearbeite im Grammatik- und Übungsbuch: V Nomen im Akkusativ, Seite 24.

6. Lies den folgenden Text und schau das Bild an.
Schreib die neuen Wörter in dein Wörterheft.

Die Schülerinnen und Schüler können in der Schule Skier und Skischuhe ausleihen. Herr Good muss die richtige Skilänge wählen und die Bindungen einstellen. Dazu braucht er die Grösse und das Gewicht der Schülerinnen und Schüler.

7. Hör zu und füll die Tabelle aus.

Vorname	Grösse m / cm	Gewicht kg	Vorname	Grösse m / cm	Gewicht kg
Markus	1.60	60	Anna		
Carmela			Jeghan		
Fadime			Daniel		
Songül			Lydia		

8. Mach selber eine Tabelle.
Frag die Schülerinnen und Schüler deiner Klasse. Wie gross sind sie? Wie schwer sind sie?

9. Schau das Bild an und schreib die Wörter in dein Wörterheft.

Januar	Februar	März	April	Mai	Juni	Juli	August	September	Oktober	November	Dezember
Winter		Frühling			Sommer			Herbst			

10. Kleines Quiz! Beantworte die folgenden Fragen schriftlich.

1. Wie viele Tage hat das Jahr? — Das Jahr hat …
2. Wann beginnt der Frühling? — Der Frühling beginnt im März.
3. Wann beginnen die anderen Jahreszeiten? — Der Sommer beginnt …
4. In welchem Monat ist der längste Tag? — Der längste Tag ist im …
5. In welchem Monat ist der kürzeste Tag? — …
6. In welchem Monat hast du Geburtstag? — …

11. Bearbeite im Grammatik- und Übungsbuch: Lerntechnik: Karten legen – Sätze bauen, Seite 26.

einunddreissig

Am Morgen

1. Schau die Bilder an und lies.

Der Wecker klingelt. Es ist 6.00 Uhr. Heute ist Skitag. Pedro steht schnell auf. Er streckt sich.

Zuerst geht er ins Bad, duscht sich und ...

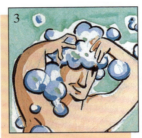
... wäscht sich die Haare.

Er trocknet sich mit einem grossen Badetuch ab.

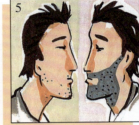
Dann schaut er sich im Spiegel an. Muss er sich rasieren? Ja, heute ist es nötig.

Er rasiert sich.

Er kämmt sich schnell. Noch einen Blick in den Spiegel. Er ist zufrieden.

Er zieht sich an: Pullover, warme Socken, Skihose ...

Nach dem Frühstück putzt er sich die Zähne.

Er muss sich beeilen. Der Car fährt um 7.15 Uhr.

 2. Schau das Bild an. Verbinde die Wörter mit den Gegenständen.

Lydia ist im Badezimmer. Sie schaut sich im Spiegel an. Sie schminkt sich. Sie bürstet und kämmt sich die Haare.

der Spiegel
die Dusche
das Badetuch
das Deodorant
die Badewanne
das Handtuch

die Bürste
die Zahnbürste
die Schminksachen
die Zahnpasta
die Seife
der Kamm

3. Ratespiel: Eine Person macht etwas vor (zum Beispiel «Zähne putzen»). Die andere Person sagt: «Du putzt die Zähne.»

 4. Bearbeite im Grammatik- und Übungsbuch: VI Reflexive Verben, Seite 27.

Familie Lutz

1. **Beantworte die folgenden Fragen:**

1. Wann stehst du am Morgen auf?
2. Wie lange brauchst du für die Morgentoilette?
3. Was isst du zum Frühstück?
4. Putzt du dir am Morgen die Zähne?
5. Musst du dich immer beeilen?
6. Nimmst du etwas zum Znüni mit?
7. Um wie viel Uhr isst du zu Mittag?
8. Wann musst du am Nachmittag wieder in der Schule sein?
9. Hast du am Samstagmorgen Schule?
10. Was machst du nach der Schule?
11. Wann isst du am Abend?
12. Was machst du nach dem Nachtessen?
13. Wann gehst du zu Bett?
14. Wie viele Stunden schläfst du?

Znüni und Zvieri
Kleines Essen etwa um 9 Uhr (Znüni) und etwa um 4 Uhr (Zvieri).

2. **Lies den folgenden Text zweimal ganz durch. Benütz kein Wörterbuch.**

Ein Tag im Leben von Frau Lutz

Mein Name ist Eva Lutz. Ich lebe mit meinen zwei Kindern in der Nähe von Zürich in einem Mehrfamilienhaus. Ich bin achtunddreissig Jahre alt; meine Tochter Nina ist dreizehn und geht in die 6. Klasse; mein Sohn André ist sechzehn und besucht das letzte Schuljahr. Im nächsten Herbst beginnt er eine Lehre als Mechaniker.

Wir haben eine Vierzimmerwohnung. Sie ist ein wenig klein, dafür hat sie aber einen schönen Balkon. Wenn ich frei habe, sitze ich im Sommer gerne auf dem Balkon und lese. Die Wohnung gefällt mir sehr, aber leider bin ich nicht sehr oft zuhause.

Ich arbeite in einem Warenhaus als Verkäuferin. Während der Woche stehen wir etwa um sieben Uhr auf. Nina braucht meistens viel Zeit für die Morgentoilette, und André muss ich immer dreimal rufen, sonst steht er nicht auf. Wir frühstücken immer zusammen, aber meistens haben meine Kinder zu wenig Zeit. Sie müssen sich immer beeilen. Nach dem Frühstück kaufe ich ein, damit die Kinder am Mittag etwas kochen können. Danach gehe ich zur Arbeit.

Von Montag bis Donnerstag arbeite ich den ganzen Tag. Ich fange um 9.30 Uhr an und arbeite bis um 19 Uhr. Um 12 Uhr mache ich eine Stunde Pause. Ich gehe zum Mittagessen in die Kantine. Am Freitag höre ich schon um 12 Uhr auf. Meine Arbeit gefällt mir eigentlich gut. Ich habe eine nette Chefin. Manchmal muss ich aber auch am Samstag arbeiten. Das passt mir meistens nicht. Aber ich kann nichts machen. Meine Chefin sagt: «Es muss sein. Das gehört zu diesem Job.»

Wenn ich den ganzen Tag arbeite, kochen Nina und
André das Mittagessen allein. Sie sind recht selbstständig.
30 Im Winter kommen sie nach der Schule meistens nach
Hause, essen Zvieri und machen Aufgaben. Im Sommer
bleiben sie gerne länger weg.

Nach der Arbeit komme ich schnell nach Hause. Nina
und André sind schon da. Sie sind in ihrem Zimmer
35 oder sehen fern. Nach dem Nachtessen machen wir
manchmal ein Spiel, reden noch zusammen oder schauen
uns etwas im Fernsehen an. Oft streiten wir über das
Programm. Nicht alle wollen die gleiche Sendung sehen.
Manchmal lese ich Nina eine Geschichte vor. Sie hat
40 das sehr gern. André kommt dann meistens auch
und hört zu. Etwa um 23 Uhr gehe ich ins Bett. Ich
schlafe sofort ein.

3. Unterstreich im Text alles, was du verstehst.

4. Kreuz an.

	richtig	falsch	Das kann man nicht sagen.
1. Frau Lutz hat zwei Mädchen.	☐	☐	☐
2. Der Vater heisst André.	☐	☐	☐
3. Die Familie wohnt in der Nähe von Basel.	☐	☐	☐
4. Die Wohnung von Frau Lutz hat vier Zimmer.	☐	☐	☐
5. Frau Lutz ist nicht gerne zuhause.	☐	☐	☐
6. Der Balkon ist sehr klein.	☐	☐	☐
7. Eva Lutz arbeitet in einem Kleidergeschäft.	☐	☐	☐
8. Sie arbeitet gern am Samstag.	☐	☐	☐
9. Die Chefin sagt: «Sie müssen am Samstag arbeiten.»	☐	☐	☐
10. Nach der Schule machen die Kinder die Aufgaben.	☐	☐	☐
11. Nach der Schule isst André keinen Zvieri.	☐	☐	☐
12. Eva Lutz und ihre Kinder wollen immer das gleiche Programm sehen.	☐	☐	☐
13. Sie haben einen kleinen Fernseher.	☐	☐	☐
14. Frau Lutz liest Nina und André manchmal Geschichten vor.	☐	☐	☐
15. André schläft nachts immer gut.	☐	☐	☐

5. Was bedeuten diese Ausdrücke im Text?
Schreib sie in dein Wörterheft und übersetz sie in deine Muttersprache.

Zeile 2: in der Nähe von Zürich
Zeile 14: während der Woche
Zeile 29: selbstständig
Zeile 30: meistens
Zeile 36: manchmal

6. Bearbeite im Grammatik- und Übungsbuch: VII Trennbare Verben, Seite 28.

7. Lies die zwei Texte von Nina und André Lutz.

Nina Lutz erzählt:

«Meine Mutter muss um 9.30 Uhr an der Arbeit sein. Manchmal muss ich vor der Schule einkaufen gehen. Am Mittag kochen mein Bruder und ich allein. Wir können das ganz gut. Nach dem Mittagessen müssen wir die Küche aufräumen. Wenn ich von der Schule nach Hause komme, will ich zuerst Zvieri essen. Nachher müssen wir Aufgaben machen. Am Mittwochnachmittag habe ich frei. Dann gehe ich in einen Theaterkurs. Das ist super. Am Abend darf ich nach dem Nachtessen spielen oder fernsehen. Manchmal liest mir meine Mutter eine Geschichte vor. Sie kann gut vorlesen. Um 22 Uhr muss ich ins Bett. Ich darf im Bett noch lesen oder Musik hören. Am Samstag darf ich lange aufbleiben. Meine Mutter muss manchmal am Samstag arbeiten. Dann darf ich mit ins Geschäft gehen. Ich kann auch etwas helfen.»

André Lutz erzählt:

«Am Samstag müssen wir immer die Wohnung putzen. Meine Mutter will, dass wir helfen. Zuerst muss ich mein Zimmer aufräumen. Am Samstagnachmittag dürfen meine Schwester und ich machen, was wir wollen. Nina will meistens draussen spielen. Ich treffe gerne meine Freunde. Am Samstagabend gehe ich in die Disco. Ich darf bis um 24 Uhr wegbleiben. Ich muss pünktlich zuhause sein. Meine Mutter regt sich sonst auf. Ich darf auch mal bei meinem Freund schlafen. Wenn seine Eltern nicht da sind, können wir lange aufbleiben.»

8. Lies die Texte von Nina und André nochmals genau durch und beantworte die Fragen schriftlich.

Wer muss was?	Frau Lutz muss um 9.30 Uhr an der Arbeit sein. Nina muss … Nina und André müssen …
Wer darf was?	Nina darf nach dem Nachtessen spielen.
Wer will was?	…
Wer kann was?	…

9. Bearbeite im Grammatik- und Übungsbuch: VIII Modalverben, Seite 30.

Müssen, müssen, müssen …

Ich muss aufstehen.
Ich muss mich waschen.
Ich muss mich anziehen.
Ich muss frühstücken.
Ich muss mein Zimmer aufräumen.
Ich muss in die Schule gehen.
Ich muss lesen.
Ich muss schreiben.
Ich muss zuhören.
Ich muss in die Pause gehen.
Ich muss ruhig sein.
Ich muss rechnen.
Ich muss zeichnen.
Ich muss nach Hause gehen.
Ich muss essen.
Ich muss die Küche aufräumen.
Ich muss Aufgaben machen.
Ich bin fertig.
Ich muss nichts mehr.

Was machst du, wenn du nichts mehr musst?

Nichts.
Oder vielleicht lesen oder fernsehen oder spazieren
oder Musik hören oder Velo fahren oder tanzen.
Aber ich mache auch gern nichts.

Wirklich nichts?

Wenn ich nichts mache, macht mein Kopf
Geschichten für mich.

1. **Schreib ähnliche Texte.**

Ich muss …
Ich darf …
Ich will …
Ich kann …

Im Theaterkurs

1. Lies den Text und verbinde die Wörter mit den Körperteilen.

Am Mittwochnachmittag gibt es im Schulhaus einen Theaterkurs. Die Mädchen und Knaben gehen gerne hin. Sie arbeiten an einem Theaterstück. Sie machen verschiedene Spiele, Trainings und Entspannungsübungen. Der ganze Körper muss entspannt sein.

der Kopf
der Arm
der Ellenbogen
die Schultern
der Rücken
das Gesäss
das Bein

das Gesicht
die Brüste (pl.)
die Brust
der Bauch
das Knie
der Fuss

der Daumen
der Zeigefinger
der Mittelfinger
der Ringfinger
der kleine Finger
die Hand
die Haare (pl.)

die Stirn
die Augen (pl.)
die Nase
das Ohr
die Wange
der Mund
die Lippen (pl.)
das Kinn
der Hals

2. Schreib die Wörter in dein Wörterheft und übersetz sie in deine Muttersprache.

Die Leute sagen:
Die Haut ist schwarz, weiss, gelb oder rot.
Ist die Haut wirklich schwarz, weiss, gelb oder rot?
Welche Farben können die Haare haben?
Und die Augen?

3. Eine Entspannungsübung! Hör genau zu und mach mit.

4. Ein Körpertraining! Hör zu und mach mit.

5. Da fehlt noch etwas. Lies und mal die Bilder fertig.

Das ist Simone. Ihre Nase ist klein. Ihre Augen sind braun. Ihre Wimpern sind lang und schwarz. Ihr Pullover und ihre Lippen sind rot.

Das ist Guido. Seine Ohren sind klein. Seine Augen sind grün. Seine Augenbrauen sind dick und braun. Seine Haare sind blond und kurz. Seine Wangen sind rot, und sein T-Shirt ist blau.

Das ist Lisa. Ihre Haare sind rot und kurz. Ihr Mund ist gross. Ihre Augen sind grau. Ihre Bluse ist blau und grün.

Das ist Hans. Seine Haare sind grau. Seine Ohren sind gross. Seine Augen sind schwarz. Sein Hemd ist blau und seine Krawatte gelb und blau.

6. Bilddiktat! Nimm ein Blatt und einen Bleistift. Hör genau zu und zeichne.

7. Bilddiktat! Nimm ein Blatt und einen Bleistift. Hör genau zu und zeichne.

RÜCKBLICK

Schau auf Seite 24.

Wie viele Themen hat die Einheit? ☐

Zeichne die Gesichtchen: ☺ = gut 😐 = es geht ☹ = schlecht

Zur Lerntechnik «der, das, die» (Seite 26)

Ich brauche diese Lerntechnik:

☐ 1-mal pro Monat ☐ 1-mal pro Woche ☐ 2-mal pro Woche ☐ 1-mal pro Tag ☐ nie

Wie gefällt dir dieses Buch? ○ gut ○ es geht ○ schlecht

AUSSPRACHE

ei • ei • ei • ei • ei • ei • ei • ei • ei • ei

1. Hör zu und lies den Dialog.

Herr Meier: Guten Tag. Mein Name ist Meier.
Herr Maier: Freut mich. Ich heisse auch Maier.
Herr Meier: Meier mit «ei»?
Herr Maier: Nein, Maier mit «ai».
Herr Meier: Ach so! Meinen Namen schreibt man mit «ei».
Herr Maier: Aha! Also Herr Meier, möchten Sie ein Ei?
Herr Meier: Nein, nein. Bitte kein Ei, lieber ein Eis.
Herr Maier: Aha! Ein Eis. Zum Frühstück ein Eis?!

2. Übermal im Text alle /ei/ und /Ei/ rot. Hör den Dialog noch einmal.

3. Hör zu und wiederhol.

eins	der Bleistift	mein	die Seife
zwei	der Eingang	dein	die Zeit
drei	die Kleider	kein	frei

4. Hör den Text und setz die Wörter ein.

Herr Meier kauft ———. Er kauft ——— Leim, zwei ——— und ——— Bleistifte. Er ——— sich. Er hat keine ———, Am ——— warten seine ——— Töchter. Sie haben heute ———. Sie wollen mit dem Vater neue ——— einkaufen.

sch • sch • sch • sch • sch • sch • sch • sch

1. Hör zu und lies den Text.

Uschi und Ursula sind Geschwister. Am Morgen schlafen Uschi und Ursula immer zu lang.
Sie müssen sich immer beeilen. Sie waschen sich und schminken sich ganz schnell.
Für das Frühstück haben sie meistens keine Zeit. Aber sie kommen nie zu spät in die Schule.

2. Übermal im Text alle /sch/ rot. Hör den Text noch einmal.

3. Hör zu und wiederhol. Achte auf die Rechtschreibung: /sch/ oder /st/ oder /sp/?

die Schule	schnell	die Stunde	aufstehen
die Schwester	schreiben	der Stuhl	frühstücken
die Dusche	schlafen	der Spiegel	spät

4. Hör den Text in Übung 1 «Uschi und Ursula …» noch einmal und schreib ihn als Diktat.

5. In welchem Wort hörst du das /sch/? Im 1. Wort oder im 2. Wort? Kreuz an.

	1. Wort	2. Wort		1. Wort	2. Wort		1. Wort	2. Wort
1.	☐	☐	3.	☐	☐	5.	☐	☐
2.	☐	☐	4.	☐	☐	6.	☐	☐

3

Einheit 3

Am Bahnhof

1. Schau das Bild an und hör zu.
Nummerier die Szenen.

Seite	
40	Am Bahnhof
42	Am Billettschalter in Olten
43	Bahnfahren
43	Am Kiosk
44	Ivan hat sich verirrt
46	Lerntechnik: Das Lehrwerk-Rallye
47	Telefonieren
49	Auf dem Fundbüro
50	Auf der Post
51	Sprachen in der Schweiz
52	Sprichst du gerne Hochdeutsch?
53	Aussprache: h am Wortanfang; /u/ - /ü/ - /i/

Das kann ich …

- Ich kann nach dem Weg fragen.
- Ich kann ein Billett lösen.
- Ich kann einen Fahrplan lesen.
- Ich kann einen Stadtplan lesen.
- Ich kann /h/ und /ü/ aussprechen.

Das verstehe ich …

- Ich verstehe eine Wegbeschreibung.
- Ich verstehe Gespräche im Alltag.
- Ich verstehe einige Ausdrücke im Dialekt.

Das kenne ich …

- Ich kenne dieses Buch.
- Ich kenne meinen Wohnort.
- Ich kenne die Sprachsituation in der Schweiz.
- Ich kenne die Posttarife.

Am Billettschalter in Olten

1. **Hör den Dialog und lies.**

   Kunde: Guten Morgen, ein Halbes 1. Klasse nach Basel einfach bitte.
   Beamtin: Gerne, das macht Fr. 9.60.
   Kunde: Danke.

2. **Hör den Dialog und lies.**

   Kundin: Guten Abend, nach Zürich bitte.
   Beamte: Gerne, einfach oder retour?
   Kundin: Wie lange ist das Retourbillett gültig? Ich komme erst morgen wieder nach Hause.
   Beamte: Nun, nach Zürich sind es 62 Kilometer. Das Retourbillett ist 2 Tage lang gültig. Mit Halbtaxabonnement?
   Kundin: Ja klar!
   Beamte: Fahren Sie 1. oder 2. Klasse?
   Kundin: 2. Klasse, es sind ja schöne Wagen heutzutage.
   Beamte: Ja, das stimmt. Ein halbes Billett nach Zürich in der 2. Klasse kostet Fr. 15.50. Danke, und Fr. 4.50 macht Fr. 20.–.

3. **Hör den Dialog und lies.**

   Lorenzo: Guten Tag, nach Bern bitte.
   Beamtin: Einfach oder retour?
   Lorenzo: Wie bitte?
   Beamtin: Brauchst du ein Billett hin und zurück? Fährst du mit dem Zug nach Bern und wieder nach Olten zurück?
   Lorenzo: Aha. Ja. Ich will heute Abend wieder mit dem Zug zurückfahren.
   Beamtin: Gut, brauchst du ein ganzes oder ein halbes?
   Lorenzo: Ich weiss nicht …
   Beamtin: Bist du schon 16?
   Lorenzo: Nein, ich bin bald 15 Jahre alt.
   Beamtin: Gut, dann brauchst du nur ein halbes Billett. Das kostet Fr. 16.50. Vielen Dank und gute Reise!

4. **Wählt einen Dialog und lernt ihn auswendig. Spielt den Dialog vor.**

5. **Lies den Text und such auf der Abfahrtstafel das Gleis.**

   Wo fährt der Zug nach Basel?
   Auf jedem Bahnhof hat es eine Tafel mit den Zeiten für die Abfahrt und die Ankunft der Züge. Wenn du die Abfahrtszeit oder Ankunftszeit suchst, findest du auch das Gleis, auf dem der Zug fährt. Auf welchem Gleis fährt der Zug um 7.49 Uhr nach Basel? Auf welchen Gleisen fahren die Züge nach Zürich ab? Wie viele Züge fahren pro Stunde von Olten nach Bern?

Abfahrt der Züge				
6.00 – 6.59		**Gleis**	**7.00 – 7.59**	**Gleis**
6.11	Zürich	7	7.15 Bern	8
6.15	Biel	8	7.15 Zürich	7
6.16	Zürich	5	7.17 Basel	9
6.17	Basel	9	7.23 Luzern	12
6.23	Bern	11	7.27 Basel	10
6.23	Basel	10	7.29 Bern	11
6.32	Luzern	12	7.32 Basel	9
6.34	Bern	8	7.35 Luzern	12
6.42	Zürich	7	7.42 Zürich	7
6.47	Biel	8	7.47 Biel	8
6.48	Luzern	12	7.49 Luzern	12
6.49	Basel	11	7.49 Basel	11
6.50	Biel	5	7.50 Biel	5
6.51	Bern	9	7.51 Bern	9
6.54	Bern	10		

Bahnfahren

1. Lies den folgenden Text genau durch. Schau auf den Fahrplan und notier die Abfahrtszeiten und die Ankunftszeiten.

Hans wohnt mit seinen Eltern in Zofingen ganz nahe beim Bahnhof. Am Mittwoch muss er nach Olten fahren, denn er hat einen Termin beim Zahnarzt um zwanzig vor drei. Er fährt natürlich mit dem Zug. In Olten muss er vom Bahnhof bis zum Zahnarzt 10 Minuten zu Fuss gehen. Nachher will er noch Einkäufe machen. Spätestens um Viertel vor sieben muss er zuhause sein. Hans macht sich eine Notiz mit den Fahrzeiten.

Nottwil		13 31			14 31	
Oberkirch		13 34			14 34	
Sursee	13 16	13 38		14 16	14 38	15 16
St. Erhard-Knutwil		13 40			14 40	
Wauwil		13 44			14 44	
Nebikon		13 48			14 48	
Dagmersellen		13 51			14 51	
Reiden		13 55			14 55	
Brittnau-Wikon		13 58			14 58	
Zofingen 504	13 28	14 01		14 28	15 01	15 28
Zofingen	13 29	14 03		14 29	15 03	15 29
Aarburg-Oftringen 450		14 07			15 07	
Olten 21	13 37	14 11	14 25	14 37	15 11	15 37

Olten	16 23	16 49	17 23	17 49	18 23	18 49
Aarburg-Oftringen 450		16 53		17 53		18 53
Zofingen 504	16 29	16 57	17 29	17 57	18 29	18 57
Zofingen	16 30	16 59	17 30	17 59	18 30	18 59
Brittnau-Wikon		17 02		18 02		19 02
Reiden		17 05		18 05		19 05
Dagmersellen		17 08		18 08		19 08
Nebikon		17 12		18 12		19 12
Wauwil		17 16		18 16		19 15
St. Erhard-Knutwil		17 19		18 19		19 19
Sursee	16 44	17 23	17 44	18 23	18 44	19 23

2. Bearbeite im Grammatik- und Übungsbuch:
I Nomen im Dativ, Seite 33;
II Präpositionen mit Dativ, Seite 35.

Am Kiosk

1. Hör den Dialog und lies.

Elvira: Guten Tag, ich hätte gerne eine Rolle Smarties.
Verkäufer: Sali. Das macht 90 Rappen.
Elvira: Ja.
Verkäufer: Und 10 Rappen zurück.

2. Hör den Dialog und lies.

Verkäuferin: Sali, was möchtest du?
Nimon: Guten Tag, ich will zuerst ein wenig schauen.
Verkäuferin: Ja, bitte.
Nimon: Ich weiss nicht recht, was ich genau nehmen soll. Ich habe nicht viel Geld.
Verkäuferin: Willst du etwas zum Lesen oder zum Essen?
Nimon: Also, ich möchte gerne zwei Kaugummis, ein Chupa-chup und drei Carambas.
Verkäuferin: Das macht 80 Rappen.
Nimon: Da habe ich genau 80 Rappen.
Verkäuferin: Danke. Auf Wiedersehen.
Nimon: Adieu.

3. Hör den Dialog und lies.

Rosina: Guten Abend. Ich möchte gerne ein Heftli.
Verkäuferin: Tschau. Welches hättest du denn gerne?
Rosina: Ich muss noch schnell überlegen.
Verkäuferin: Ja gut.
Rosina: Ah, jetzt weiss ich es. Ich hätte gerne das Wendy.
Verkäuferin: Das kostet zwei Franken fünfzig.

4. Wählt einen Dialog und spielt ihn auswendig.

5. Erfindet selber Dialoge am Kiosk. Schreibt sie auf und spielt sie vor.

Ivan hat sich verirrt

1. Hör und lies die Szene. Unterstreich das Schweizerdeutsche und übersetz ins Hochdeutsche.

Ivan sucht den Jugendtreff. Er hat am Bahnhof nach dem Weg gefragt. Eine Frau hat ihm den Weg erklärt. Ivan ist aber zu früh nach links gegangen. Jetzt steht er vor einer Kirche.

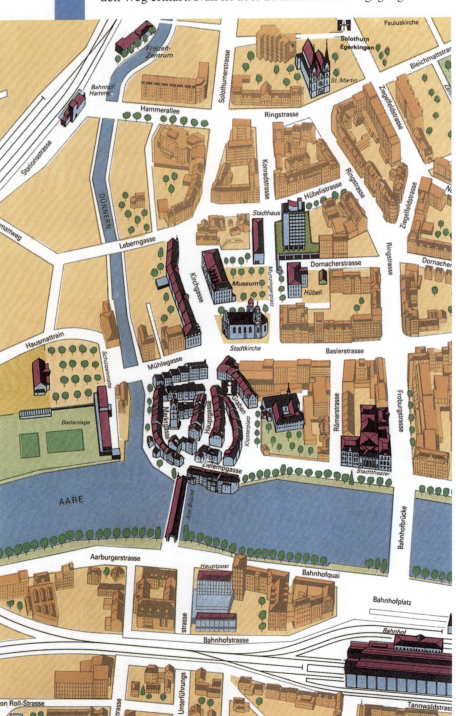

Ivan:
Können Sie mir helfen? Ich suche den Jugendtreff.

Ein Mann:
Exgüsi, ich has pressant …

Ivan:
Entschuldigung, kannst du mir sagen, wo der Jugendtreff ist?

Ein Junge:
Jugendtreff? Hab ich noch nie gehört. Tut mir leid.

Ivan:
Können Sie mir helfen? Ich suche den Jugendtreff. Ich glaube, ich habe mich verlaufen. Ist das hier nicht die St.-Martins-Kirche?

Eine Frau:
Nä nei, junge Maa. Das isch d Stadtchilche. Was sueched Si? Dr Jugendträff?

Ivan:
Entschuldigung, können Sie bitte Hochdeutsch sprechen? Ich verstehe Sie sonst nicht.

Eine Frau:
Also, das hier ist die Stadtkirche. Am besten gehen Sie jetzt hier die Kirchgasse entlang. Bei der nächsten Kreuzung gehen Sie weiter geradeaus immer die Solothurnerstrasse entlang bis zur zweiten Kreuzung. Dort gehen Sie links bis zur kleinen Brücke. Gehen Sie über die Brücke. Nach der Brücke sehen Sie das Freizeitzentrum mit dem Jugendtreff.

Ivan:
Die Kirchgasse entlang, dann die Solothurnerstrasse entlang bis zur zweiten Kreuzung. Dann links. Dann über die Brücke. Vielen Dank.

Eine Frau:
Bitte. Auf Wiedersehen.

2. Zeichne im Plan den Weg ein.

3. Was ist wo in Olten?
Lies die Anweisungen und such den Ort auf dem Plan. Was findest du?
Du stehst auf dem Bahnhofplatz.

1. Geh über die Bahnhofbrücke. Geh die Froburgstrasse entlang bis zur ersten Kreuzung. Geh nach links in die Baslerstrasse. Nimm die nächste Strasse rechts. Du kommst auf einen Platz.
Er heisst _____.

2. Geh nach links den Fluss entlang. Geh über die Alte Brücke. Geh nach links den kleinen Fluss entlang, bis wieder eine Brücke kommt. Geh über diese Brücke und dann wieder nach links.
Du kommst zur _____.

3. Geh nach links den Bahnhofquai entlang. Vor der Unterführungsstrasse ist links die _____.

4. Geh nach links bis zur Alten Brücke. Geh über die Brücke und dann geradeaus durch die Hauptgasse. Geh an der Kirche vorbei in die Kirchgasse. Rechts ist das _____.

5. Geh über die Bahnhofbrücke und dann die Froburgstrasse entlang. Geh weiter geradeaus. Die Strasse heisst nun Ringstrasse. Geh immer die Ringstrasse entlang, bis du vor einer Kirche stehst.
Sie heisst _____.

6. Geh nach links den Fluss entlang und dann über die Brücke. Geh durch die Hauptgasse. Geh nach rechts an der Kirche vorbei und gleich nach der Kirche nach links. Geh über den Platz. Nach dem Platz steht rechts ein grosses, modernes Haus. Das ist das _____.

4. Nimm einen Ortsplan von deiner Gemeinde. Such auf dem Plan die Schule und das Haus, wo du wohnst. Zeichne deinen Schulweg ein.

5. Beschreib deinen Schulweg.

6. Beantworte die folgenden Fragen zu deiner Gemeinde.

Hat es in deiner Gemeinde einen Jugendtreff?	☐ ja	☐ nein
Hat es in deiner Gemeinde ein Freibad?	☐ ja	☐ nein
Hat es in deiner Gemeinde einen Bahnhof?	☐ ja	☐ nein
Hat es in deiner Gemeinde ein Museum?	☐ ja	☐ nein
Hat es in deiner Gemeinde ein Einkaufszentrum?	☐ ja	☐ nein
Hat es in deiner Gemeinde ein Altersheim?	☐ ja	☐ nein

7. Was hat es noch in deiner Gemeinde? Mach eine Liste.

8. Bearbeite im Grammatik- und Übungsbuch: III Adverbien des Ortes, Seite 36.

LERNTECHNIK

Das Lehrwerk-Rallye

Dieses Rallye ist ein Spiel. Du lernst damit «Kontakt 1» besser kennen.
Das ist sehr wichtig. Denn:

Wer sein Buch gut kennt, lernt effizient.

1. Beantworte die folgenden Fragen, so schnell du kannst.
2. Nimm eine Uhr und schau genau, wie viele Minuten du brauchst. Notier die Minuten.
3. Deine Lehrerin oder dein Lehrer korrigiert die Antworten.

1. Wie viele Einheiten hat «Kontakt 1»?
2. Was bedeutet dieses Symbol?
3. Wie viele Seiten hat der Anhang im Textbuch?
4. Wie viele Einheiten hat es im Grammatik- und Übungsbuch?
5. Was bedeutet dieses Symbol?
6. Kannst du deine Übungen im Grammatik- und Übungsbuch auch selbst korrigieren?   ☐ ja   ☐ nein
7. Vor jeder Einheit im Grammatik- und Übungsbuch hat es eine spezielle Seite. Wie heisst sie?
8. Was bedeutet dieses Symbol?
9. Du musst einen Text oder ein Thema im Buch finden. Wo schaust du zuerst?
10. Was hat es im Anhang des Textbuches?
11. Welche Rubrik hat es am Schluss jeder Einheit?
12. Auf welcher Seite ist die Geschichte «Eine schwierige Kundin»?
13. Wo befindet sich die Lerntechnik «Ein Wörterbuch»?
14. Wie viele Seiten haben das Textbuch und das Grammatik- und Übungsbuch zusammen?
15. Wie heissen die Autorinnen von «Kontakt 1»?
16. Was bedeuten diese Gesichtchen?
17. Was bedeutet dieses Symbol?
18. Wie viele Rubriken «Lerntechnik» hat es im Textbuch?

Minuten:
Fehler:

sechsundvierzig

Telefonieren

1. Hör den Text und lies.

Chalid und Paul sind soeben am Bahnhof Olten angekommen.
Sie wollen eine Freundin besuchen.
Am Kiosk wechselt Chalid Geld zum Telefonieren.

Verkäufer:	Hier, fünf Zwanziger.
Chalid:	Vielen Dank.
Verkäufer:	Gern geschehen.
Paul:	Komm, dort ist eine freie Telefonkabine.
Chalid:	Schauen wir im Telefonbuch nach. … Ah, hier Olten.
Paul:	Sabina Frapolli. Wie heisst bloss ihr Vater? Alfredo Frapolli. … Pino Frapolli. …
Chalid:	Er ist Automechaniker. Schau hier: Pino Frapolli, Automechaniker, Dornacherstrasse 42, Telefon 632 11 17. Sprich du, dich kennt sie besser.
Sabina:	Sabina Frapolli.
Paul:	Tschau, Sabina. Hier ist Paul.
Sabina:	Paul. Hallo!
Paul:	Ich bin mit Chalid in Olten. Hast du Zeit?
Sabina:	Ja, ich habe am Nachmittag frei. Im Jugendtreff ist Filmnachmittag. Habt ihr Lust, dorthin zu gehen?
Chalid:	Ja, super.
Paul:	O.k., wir kommen.
Sabina:	Kommt doch bei mir vorbei. Dann können wir zusammen gehen.
Chalid:	Gute Idee.
Paul:	Wo ist denn die Dornacherstrasse?
Sabina:	Geht über die Bahnhofbrücke und dann geradeaus. Dann nehmt ihr die zweite Strasse rechts. Ihr seht das Haus Nummer 42 dann schon.
Paul:	Alles klar. Also bis nachher.
Sabina:	Tschüss.

**2. Lernt das Telefongespräch auswendig.
Spielt ähnliche Gespräche.**

**3. Geh in eine Telefonkabine. Du möchtest telefonieren.
Beantworte folgende Fragen:**

– Wie viel Geld braucht man mindestens für einen Anruf?
– Kann man mit einer Zehnfrankennote telefonieren?
– Braucht man eine Telefonkarte?
– Wo kann man eine Telefonkarte kaufen?
– Welche Informationen findet man in einem elektronischen Telefonbuch?

4. Telefonbuchquiz! Nimm das Telefonbuch deines Wohnortes und beantworte die Fragen.
Schau auf die Uhr. Wie lange brauchst du für die vier Aufgaben?

1 Wie viele Abonnentinnen und Abonnenten mit dem Namen Meier gibt es an deinem Wohnort?
- [ ] weniger als 10
- [ ] zwischen 10 und 20
- [ ] mehr als 20
- [ ] über 100

2 Gibt es an deinem Wohnort Abonnentinnen oder Abonnenten unter dem Buchstaben X?
- [ ] ja
- [ ] nein

3 Such die Gemeindeverwaltung oder Stadtverwaltung von deinem Wohnort.
Wie viele Nummern findest du dort?

4 Such einen Familiennamen mit B und mit dem Vornamen Hans.
Hans B_____, Tel.
Such einen Familiennamen mit S und mit dem Vornamen Elisabeth.
Elisabeth S_____, Tel.

Ich habe für die vier Aufgaben _____ Minuten gebraucht.

5. Nimm ein Telefonbuch. Erstell eine Liste mit wichtigen Telefonnummern.
Häng die Liste zu Hause beim Telefon auf.

| Feuerwehr-Notruf | Ärztin / Arzt | Spital |
| Polizei | Zahnärztin / Zahnarzt | Sanitätsnotruf |

6. Such im Telefonbuch den Titel: «Was ist im Notfall zu tun, bis ärztliche Hilfe eintrifft?»
Besprich mit deiner Lehrerin oder deinem Lehrer, was die Bilder bedeuten.

7. Welche Angaben findest du im Kapitel «Ortsverzeichnis» über deine Gemeinde?

8. Such das Kapitel «Dienstnummern». Wie viele Dienstnummern gibt es?

9. Such unter «Ausland» die Angaben über dein Land.
Wie lange kannst du für einen Franken telefonieren?

Auf dem Fundbüro

Im Jugendtreff will Chalid ein Sandwich kaufen.
Erst jetzt merkt er etwas: Sein Portemonnaie ist weg.
Er hat es zuletzt am Bahnhof gebraucht.
Jetzt erinnert er sich: Er hat es in der Telefonkabine
liegen lassen! Chalid erschrickt: «Was mache ich jetzt?»
Sabina beruhigt Chalid: «Vielleicht hat jemand das
Portemonnaie gefunden und im Fundbüro abgegeben.»
Sie erklärt ihm den Weg zur Stadtpolizei. Dort ist
auch das Fundbüro. Chalid macht sich sofort auf den Weg.

1. Wie geht es weiter? Hör die zwei Szenen zweimal.

2. Kreuz an: Was ist richtig? Was ist falsch? Was kann man nicht wissen?

	richtig	falsch	?
1. Ein Mann erklärt Chalid, wo das Fundbüro ist.	☐	☐	☐
2. Das Fundbüro ist am Samstag geschlossen.	☐	☐	☐
3. Chalid hat das Portemonnaie am Kiosk liegen lassen.	☐	☐	☐
4. Chalid ist um 13.10 Uhr in Olten angekommen.	☐	☐	☐
5. Das Portemonnaie ist rot und grün.	☐	☐	☐
6. Chalids Familienname ist Frapolli.	☐	☐	☐
7. Das Portemonnaie hat etwa fünfzig Franken gekostet.	☐	☐	☐
8. Im Portemonnaie war ein Zugbillett.	☐	☐	☐
9. Im Portemonnaie war ein Foto von Sabina.	☐	☐	☐
10. Eine Frau hat das Portemonnaie auf dem Fundbüro abgegeben.	☐	☐	☐
11. Es war nicht mehr alles Geld im Portemonnaie.	☐	☐	☐
12. Chalid will der Frau zum Dank Blumen schicken.	☐	☐	☐
13. Die Beamtin schreibt Chalid die Adresse der Frau auf.	☐	☐	☐

3. Lies den Brief von Chalid.
Schreib einen ähnlichen Brief.

> Bern, den 16. Dezember 2008
>
> Sehr geehrte Frau Ahmeti
>
> Sie haben letzte Woche mein Portemonnaie
> gefunden und es im Fundbüro abgegeben.
> Ich möchte mich herzlich bei Ihnen bedanken.
> Sie haben mir viel Ärger erspart.
>
> Mit freundlichen Grüssen
> Chalid Abdul

4. Bearbeite im Grammatik- und Übungsbuch: IV Verben im Perfekt, Seite 38;
Lerntechnik: Verbkarten, Seite 42; V Verben «sein» und «haben» im Präteritum, Seite 43.

Auf der Post

1. **Schaut das Bild an und diskutiert: Was machen die Leute?**

2. **Postquiz**

   Die folgenden Fragen kannst du mit der Broschüre «Posttaxen» beantworten.
   Du bekommst diese Broschüre auf der Post gratis.

   1. Wie viel kostet das Porto für einen Brief (220 Gramm) in der Schweiz?
      Du schickst ihn «Prioritaire», das heisst, er kommt am nächsten Tag an.

   2. Wie viel kostet das Porto für ein Paket (3 Kilo 220 Gramm) in der Schweiz?
      Du schickst es eingeschrieben.

   3. Wie viel kostet das Porto für einen Brief (18 Gramm) in dein Land?
      Du schickst ihn «Prioritaire».

   4. Wie viel kostet das Porto für einen Brief (220 Gramm) in dein Land?
      Du schickst ihn «Prioritaire».

   5. Du schickst ein Paket (800 Gramm) in dein Land.
      Wie viel kostet das Porto?
      Musst du spezielle Papiere für den Zoll ausfüllen? Wenn ja, welche?

   6. Du schickst ein Paket (2 Kilo 400 Gramm) in dein Land.
      Wie viel kostet das Porto?
      Musst du spezielle Papiere für den Zoll ausfüllen? Wenn ja, welche?

Sprachen in der Schweiz

**1. Hör bitte zu.
Erkennst du die Sprachen?**

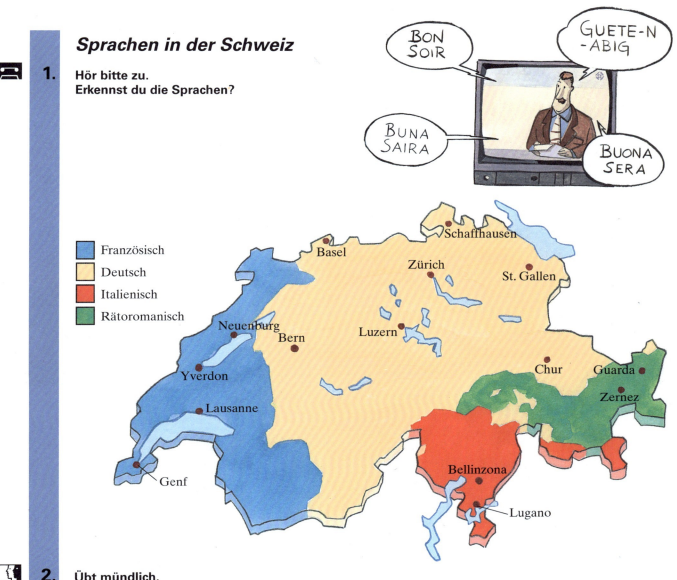

2. Übt mündlich.

Beispiel: Wie spricht man in Genf?
In Genf spricht man Französisch.
oder: Dort redet man Französisch.
oder: Dort sprechen die Leute Französisch.

3. Lies den folgenden Text und schreib die neuen Wörter in dein Wörterheft.

Dialekte in der Deutschschweiz
In der Deutschschweiz sprechen die meisten Leute Schweizerdeutsch.
Schweizerdeutsch ist ein Dialekt. Man sagt auch Mundart für Dialekt.
Es gibt viele verschiedene Dialekte, zum Beispiel Zürichdeutsch, Berndeutsch,
Baseldeutsch, Sanktgallerdeutsch und so weiter.

**4. Du hörst auf der CD einen Text einmal auf Zürichdeutsch, einmal auf
Berndeutsch, einmal auf Baseldeutsch und einmal auf Sanktgallerdeutsch.
Wähl einen Dialekt und schreib den Text auf Hochdeutsch.**

Sprichst du gerne Hochdeutsch?

1. Lies die Texte einmal durch. Benütz kein Wörterbuch.

Nike C., Student (22)
Ich spreche sehr gerne Hochdeutsch. Zuhause sprechen wir immer Hochdeutsch. Meine Mutter ist nämlich
5 eine Deutsche und mein Vater Ungar. Dialekt habe ich erst in der Schule gelernt. Bis ich zehn Jahre alt war, habe ich nur Hochdeutsch gesprochen. Und dann habe ich auf
10 einmal angefangen, Mundart zu sprechen. Jetzt spreche ich mit Deutschschweizern Dialekt, und mit den Fremdsprachigen spreche ich natürlich Hochdeutsch.

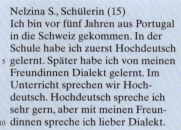

Vroni G., Lehrerin (41)
Ich bin Musiklehrerin. Ich spreche selten Hochdeutsch in der Schule. Wenn fremdsprachige Kinder in der Klasse sind, muss eine Lehrerin
5 natürlich Hochdeutsch sprechen. In der Familie spreche ich nur Dialekt. Hochdeutsch spreche ich, ehrlich gesagt, nicht so gerne.

Nelzina S., Schülerin (15)
Ich bin vor fünf Jahren aus Portugal in die Schweiz gekommen. In der Schule habe ich zuerst Hochdeutsch
5 gelernt. Später habe ich von meinen Freundinnen Dialekt gelernt. Im Unterricht sprechen wir Hochdeutsch. Hochdeutsch spreche ich sehr gern, aber mit meinen Freun-
10 dinnen spreche ich lieber Dialekt.

2. Beantworte die Fragen schriftlich.

1. Wer spricht gerne Hochdeutsch?
2. Wer spricht nicht gerne Hochdeutsch?
3. Wo und mit wem spricht Nike Hochdeutsch?
4. Wann spricht Nelzina Hochdeutsch?
5. Was spricht Vroni nicht so gern?
6. Wo hat Nelzina Hochdeutsch gelernt?

**3. Mach eine kleine Umfrage im Schulhaus.
Wer spricht gerne Hochdeutsch? Wer nicht? Warum?**

RÜCKBLICK

Schau auf Seite 40.
Zeichne die Gesichtchen: ☺ = gut ☺ = es geht ☹ = schlecht
Zur Lerntechnik «Lehrwerk-Rallye» (Seite 46)
Wie hat dir das Spiel gefallen? ☐ sehr gut ☐ gut ☐ es geht ☐ gar nicht

AUSSPRACHE

h am Wortanfang • h am Wortanfang • h am Wortanfang

1. Hör bitte genau zu. Hörst du den Unterschied?

| Hund | und | halt | alt | heilen | eilen | her | er |
| Haus | aus | Hals | als | hoffen | offen | hin | in |

2. Hör genau zu. In welchem Wort hörst du das /h/? Im ersten Wort oder im zweiten Wort? Kreuz an.

	1. Wort	2. Wort		1. Wort	2. Wort		1. Wort	2. Wort
1.	☐	☐	3.	☐	☐	5.	☐	☐
2.	☐	☐	4.	☐	☐	6.	☐	☐

3. Hör genau zu.

4. Hör genau zu.

Das ist ein Zungenbrecher

5. Lern den folgenden Satz auswendig und sprich ihn, so schnell du kannst.

Hans Haller hat hinterm Hundehügel hundert Hundehäuschen hergestellt.

u • ü • i • u • ü • i • u • ü • i • u • ü • i

1. Hör bitte gut zu. Hörst du den Unterschied?

| das Buch | viele Bücher |
| ein Gruss | viele Grüsse |

| der Fuss | viele Füsse |
| der Hut | viele Hüte |

2. Hör zu und sprich nach.

ein Buch	viele Bücher
ein Fuss	viele Füsse
ein Gruss	viele Grüsse
ein Hut	viele Hüte

3. Hör zu und sprich nach.

| Die Blumen blühen im Frühling. |
| Er grüsst mit dem Hut. |
| Die Türe ist zu. |
| Ursula füllt das Büchergestell mit Büchern. |

4. Welches Wort hörst du? Kreuz an.

1. ☐ Schule   ☐ Schüler
2. ☐ Uhr   ☐ Tür
3. ☐ Tuch   ☐ Tücher
4. ☐ Buch   ☐ Bücher
5. ☐ Stühle   ☐ Stunde
6. ☐ Kuchen   ☐ Küche

5. Welches Wort hörst du? Kreuz an.

1. ☐ Kissen   ☐ küssen
2. ☐ Züge   ☐ Ziege
3. ☐ vier   ☐ für
4. ☐ Tür   ☐ Tier
5. ☐ pflücken   ☐ flicken
6. ☐ schliessen   ☐ Schlüssel

6. Setz /u/, /ü/ oder /i/ ein.

Zwei Br__der, __rs und __lrich, __ben die Laute __, __ und __. __rs sagt: «Viel Vergn__gen, l__ebe Br__der, beim __ben.» __lrich sagt: «__m Fr__hling __ben die l__eben Sch__ler v__el.» __nd __rs spr__cht weiter: «__m Fr__hling bl__hen d__e Bl__men. Da __ben d__e Sch__lerinnen n__cht.» __rs __nd __lr__ch m__ssen __ber __hre d__mme __bung lachen.

Einheit 4

Die Geburtstagsparty
1. Folge

Ein paar Schülerinnen und Schüler plaudern zusammen. Sie reden über ihre Geburtsdaten.

Ich habe am 25. Juli Geburtstag.

Ich habe am 24. Dezember Geburtstag. Das ist gemein.

Seite 54 Die Geburtstagsparty – 1. Folge
 56 Tierkreiszeichen – Zodiakus
 57 Geburtstag hier – Geburtstag dort
 58 Die Geburtstagsparty – 2. Folge
 59 Der Mietvertrag
 60 Die Geburtstagsparty – 3. Folge
 61 Die Lebensmittel
 63 Die Geburtstagsparty – 4. Folge
 64 In der Küche
 65 Die Geburtstagsparty – 5. Folge
 66 Lerntechnik: 1 Wort + 1 Wort = 1 Wort
 66 Liebesgedichte
 67 Aussprache: /ch/; /eu/

Das kann ich …

- Ich kann über Geburtstage und Tierkreiszeichen sprechen.
- Ich kann sagen, was ich gern esse und trinke.
- Ich kann das /ch/ gut aussprechen.
- Ich kann kochen.

Das verstehe ich …

- Ich verstehe den Fotoroman.
- Ich verstehe die Texte über Geburtstage (S. 57).
- Ich verstehe ein einfaches Kochrezept.
- Ich verstehe die Gedichte über Liebe (S. 66).

Das kenne ich …

- Ich kenne mein Geburtsdatum und mein Tierkreiszeichen.
- Ich kenne die Abfallsammelstelle an meinem Wohnort.
- Ich kenne alle Masse auf Deutsch.
- Ich kenne die Lebensmittel auf Deutsch.
- Ich kenne die Kücheneinrichtung auf Deutsch.

Tierkreiszeichen – Zodiakus

1. Hör zu und verbinde die Daten mit dem entsprechenden Tierkreiszeichen.

Geburtsdaten
erster Tag bis letzter Tag

- 21. März – 20. April
- 21. April – 20. Mai
- 21. Mai – 21. Juni
- 22. Juni – 22. Juli
- 23. Juli – 23. August
- 24. August – 23. September
- 24. September – 23. Oktober
- 24. Oktober – 22. November
- 23. November – 22. Dezember
- 23. Dezember – 20. Januar
- 21. Januar – 18. Februar
- 19. Februar – 20. März

Tierkreiszeichen Deutsch	Lateinisch	Zeichen	Symbol
Stier	Taurus		♉
Jungfrau	Virgo		♍
Fische	Pisces		♓
Wassermann	Aquarius		♒
Schütze	Sagittarius		♐
Widder	Aries		♈
Zwillinge	Gemini		♊
Krebs	Cancer		♋
Löwe	Leo		♌
Skorpion	Scorpio		♏
Steinbock	Capricornus		♑
Waage	Libra		♎

2. In welchem Tierkreiszeichen bist du geboren? Und deine Eltern, deine Geschwister, deine Kolleginnen und Kollegen? Frag sie und notier die Geburtsdaten und die Tierkreiszeichen.

3. Lies die Sätze und zeichne die Symbole.

- Das Symbol für den Skorpion sieht ähnlich aus wie das Symbol für die Jungfrau.
- Das Symbol für die Zwillinge sieht ähnlich aus wie das Symbol für die Fische.
- Das Symbol für den Widder sieht ähnlich aus wie seine Hörner.
- Das Symbol für den Stier sieht ähnlich aus wie sein Kopf und seine Hörner.
- Das Symbol für den Krebs sieht ähnlich aus wie seine Scheren.
- Das Symbol für den Schützen sieht ähnlich aus wie der Pfeilbogen mit dem Pfeil.
- Das Symbol für den Wassermann sieht ähnlich aus wie die Wellen im Wasser.

4. Andere Kulturen haben andere Einteilungen und Symbole. Kennt ihr Beispiele?

5. Bearbeite im Grammatik- und Übungsbuch: I Zeitangaben (2), Seite 45.

Geburtstag hier – Geburtstag dort

1. Lies die Texte und schreib die neuen Wörter in dein Wörterheft.

> Hallo ich bin Francisco, ich bin dreizehn Jahre alt, und komme aus Spanien.
> Ich feiere jedes Jahr meinen Geburtstag mit meiner Familie und vielleicht mit einem Freund. Mein Onkel und meine ganze Familie geben mir Geschenke und machen ein grosses Fest. Dort spiele ich mit den anderen Kindern.
>
> In der Schweiz mache ich es auch so.

◁ Francisco Javier (13 Jahre, seit 8 Monaten in der Schweiz)

Carla (14 Jahre, seit 9 Monaten in der Schweiz) ▽

> Ich feiere in meinem Land jedes Jahr Geburtstag. Meine Familie und alle Verwandten machen ein Fest, und wir essen und trinken. Ich darf sogar Champagner trinken. Wir tanzen und spielen auch.
> Hier in der Schweiz machen wir nur ein kleines Fest, weil meine Verwandten in Portugal sind.

> In meinem Land feiere ich jedes Jahr meinen Geburtstag, aber nicht immer gleich. Wenn meine Verwandten alle zusammen sind, machen wir ein grosses Fest. Wir machen verschiedene Kuchen, trinken, tanzen, lachen, spielen und sprechen. In Portugal war ich am Geburtstag immer traurig, weil meine Eltern in der Schweiz waren. Hier machen wir nur ein kleines Fest, weil meine Verwandten fast alle in Portugal sind.

△ Maria de Fatima (14 Jahre alt, seit 7 Monaten in der Schweiz)

> Ich feiere meinen Geburtstag nicht jedes Jahr, nur wenn ich will.
> In Kosovo mache ich das Fest im Haus, weil es im Februar draussen zu kalt ist.
> Meine Mutter kocht etwas, das ich gern habe. Dann rufe ich meine Freunde und von den Freunden bekomme ich Geschenke, das ist schön.
> In der Schweiz kann ich nicht so Geburtstag feiern, weil ich nicht viele Freunde habe und wir nicht genug Platz haben für ein grosses Fest.

◁ Arsim (16 Jahre alt, seit 18 Monaten in der Schweiz)

2. Wie ist es bei dir? Wie feierst du deinen Geburtstag?
Schreib selber einen kurzen Text. Du kannst auch Sätze aus den vier Texten benützen.

Die Geburtstagsparty
2. Folge

Am andern Tag organisieren Larissa und Raffael ihre Geburtstagsparty.

Ich habe noch Geld von meinem letzten Ferienjob. Wie viel Geld brauchen wir eigentlich?

Meine Eltern haben mir 100 Franken für meine Party versprochen.

Ich denke, 200 Franken genügen.

Wir müssen einen billigen Raum finden.

Larissa und Raffael finden endlich einen Raum im Gemeinschaftszentrum. Am nächsten Tag …

Also, am Samstag, dem 3. Juni, ist der Raum am Abend frei. Die 50 Franken müsst ihr schon im Voraus bezahlen.

Super!

O.k.! Ich bringe das Geld am Montag vorbei.

Hier! Lest den Mietvertrag genau durch. Ich möchte nachher keine Scherereien.

Auf einmal taucht Jo auf …

Larissa! Was machst du denn hier?

Raffael wird am gleichen Tag wie ich fünfzehn. Wir organisieren zusammen eine Party.

Warum? Hat der keine Freundin, die ihm kochen hilft?

Der hat wohl nicht alle Tassen im Schrank.

Der Mietvertrag

1. Lies den Mietvertrag und notier: Was dürfen die Mieterinnen und Mieter? Was dürfen sie nicht? Was müssen sie?

Gemeinschaftszentrum
Abwart: Martin Buchmüller, Telefon 044 - 351 22 45

Miete und Reservation

1. Mieterin/Mieter
- Name
- Vorname
- Adresse
- PLZ, Ort
- Telefonnummer

2. Mietdatum
- Datum, Zeit

3. Mietpreis
Der Mietpreis ist im Voraus zu bezahlen.

4. Allgemeine Bedingungen
Der Mieter verpflichtet sich, die Räumlichkeiten und Einrichtungsgegenstände mit der nötigen Sorgfalt zu benutzen. Defekte und fehlende Gegenstände wie Geschirr und Besteck muss die Mieterin/der Mieter bezahlen.

5. Nachtruhe
Es dürfen nur Musikerinnen/Musiker ohne Verstärkeranlagen spielen. Die Musik von CD-Geräten soll auf Zimmerlautstärke eingestellt werden. Aktivitäten ausserhalb des Hauses sind nur bis 22 Uhr erlaubt.

6. Reinigung
Die Reinigung ist Sache der Mieterin/des Mieters. Notwendige Nachreinigungen durch den Hauswart werden verrechnet. Für die Kehrichtsäcke müssen beim Abwart Gebührenmarken gekauft werden.

7. Wäsche
Hand- und Geschirrtücher sind vorhanden und werden von uns gewaschen.

Zürich, den

Für den Vermieter

Mieterin/Mieter

---

2. Lies die Texte und schau die Bilder an. Schreib die neuen Wörter in dein Wörterheft.

Kehricht
2-mal wöchentlich.
Montag und Donnerstag
Kehrichtsäcke vor 7 Uhr
bereitstellen.

Papier
14-tägliche Spezialsammlungen.
Am Abholtag vor 8 Uhr gebündelt an den Strassenrand legen.
Bitte keine Tragtaschen verwenden.

Bruchglas
Sammelstellen siehe Plan der Gemeinde. Plastik-, Metall- und Keramikteile entfernen und nach Glasfarben trennen.

Büchsen und Dosen
Sammelstellen siehe Plan der Gemeinde.
Reinigen, Etiketten wegnehmen, Boden und Deckel entfernen und flachdrücken.

Altöl
Sammelstelle siehe Plan der Gemeinde. Öle sind schädlich für unser Wasser, deshalb dürfen sie nie in den Abfluss geschüttet werden.

Batterien
Immer Rückgabe
an die Verkaufsstelle.

Abfälle
- vermeiden
- sortieren
- kompostieren
- wiederverwerten
- umweltschonend entsorgen

4

Die Geburtstagsparty
3. Folge

Nach der Schule besprechen Larissa und Raffael, was sie für die Party brauchen.

Für den Grill sollen die Leute selber Fleisch oder Würste mitbringen.

Das Brot backen wir, und die Getränke kaufen wir.

Und wir kaufen kein Bier! Ich mag es nicht, wenn die Leute Alkohol trinken.

O.k.! Schreiben wir eine Einkaufsliste. Also, es kommen etwa 30 Personen. Das Rezept hier ist für 4 Personen.

In der Kochschule haben wir einmal eine Zitronencrème gemacht. Die ist super. Schau auf Seite 315. Da ist das Rezept.

Larissa und Raffael haben die Einkaufsliste fertig geschrieben und alles besprochen. Nur etwas haben sie noch vergessen.

Rechnen wir alles mal acht. Dann hat es bestimmt genug.

Maizena, Zucker, 16 Eier, 16 Zitronen, 8 Becher Rahm. Und für das Brot?

Du Raffael, wer schreibt eigentlich die Einladung?

Ich kann sie bei meiner Mutter im Büro auf dem Computer schreiben.

Gut! Bring die Einladung morgen mit. Wir müssen sie bis spätestens am 20. Mai verteilen. Ich glaube, jetzt haben wir alles besprochen.

Übrigens: Kommt Jo auch zur Party?

Raffael zögert. Er will Larissa noch etwas fragen ...

Jo? Warum? ... Ich weiss nicht!

Die Lebensmittel

1. Wer sagt was? Lies die Sätze und such die passende Situation.

Der heisse Schinken ist gut.

Die grosse Melone riecht gut.

Nimm nur reife Zitronen!

Den sauren Orangensaft kaufe ich nie mehr.

Die harten Guetzli mag ich nicht.

Die süssen Torten mag ich sehr gern.

Ich habe gestern einen schlechten Käse gekauft.

Das sind nur harte Birnen!

Die grossen Bananen sind billig.

Haben Sie nur den alten Salat?

Der gute Wein ist hier.

2. Geh in einen Supermarkt oder in ein Lebensmittelgeschäft.
Schreib aus jeder Abteilung fünf Produkte auf und lern die Wörter.

| Getränke | Backwaren | Fleisch | Verschiedenes |
| Gemüse | Früchte | Milchprodukte | |

3. Lies den Text und beantworte die Fragen.

Nicht alle Leute kaufen in einem grossen Supermarkt ein.
In vielen Gemeinden und Quartieren gibt es auch kleinere Geschäfte.

	Ja	Nein
Gibt es an deinem Wohnort eine Bäckerei?	☐	☐
Gibt es an deinem Wohnort eine Metzgerei?	☐	☐
Gibt es an deinem Wohnort einen Milchladen?	☐	☐
Gibt es an deinem Wohnort ein Lebensmittelgeschäft?	☐	☐

Welche Geschäfte gibt es noch?

4. Wer isst was?
Hör das Interview aus der Radiosendung «Was essen und trinken Sie?».
Ordne die Lebensmittel der richtigen Person zu.

frische Früchte

schwarzes Brot mit
Butter und Konfitüre

Frau Manser
hat besonders gern …

Herr Stern
mag besonders …

ein weiches Ei

einen schwarzen Kaffee

einen grünen Salat

Pommes frites
und einen grossen
Hamburger

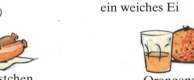
heisse Würstchen
mit scharfem Senf

Orangensaft

ein hartes Ei mit Mayonnaise

eine kalte
Zitronencrème

gelbe Trauben
und einen milden Käse

einen roten Apfel

Costa hat am liebsten …

eine heisse Suppe

ein kaltes Mineralwasser

Spaghetti mit einer
scharfen Sauce

5. Wie können diese Lebensmittel und Getränke sein?
Such zu allen ein passendes Adjektiv.

Beispiel: Die Grapefruit ist bitter.

Das Brot …	Die Suppe …	Das Mineralwasser …
Der Pfirsich …	Die Schokolade …	Die Konfitüre …
Die Nuss …	Das Guetzli …	Die Zitrone …
Die Milch …	Die Glace …	Der Senf …

| bitter | sauer | süss | mild | scharf | weich | warm | heiss |
| hart | frisch | alt | unreif | reif | faul | kalt | |

6. Bearbeite im Grammatik- und Übungsbuch: II Nomen und Adjektiv im Nominativ,
Akkusativ und Dativ, Seite 47; Lerntechnik: Karten legen – Sätze bauen, Seite 50.

Die Geburtstagsparty
4. Folge

Heute Abend findet die Party statt. Larissa und Raffael haben alles eingekauft.

Da ist ja Jo! Der hat gerade noch gefehlt …

Der macht sicher wieder eine Szene. Er geht mir langsam auf die Nerven.

Larissa! Komm her!

Larissa, bist du eigentlich in diesen Raffael verknallt? Ich habe dir gesagt, du sollst die Party vergessen. Komm jetzt mit.

Mach kein Theater. Ich muss die Party vorbereiten.

Ich kann Raffael doch nicht im Stich lassen.

Mach **du** kein Theater. Komm jetzt endlich!

Drei Stunden später …
Im Gemeinschaftszentrum sind alle an der Arbeit. Raffael hat das Brot schon gebacken. Er deckt den Tisch.

Wo Larissa bloss bleibt?

Wo ist eigentlich Larissa?

Das möchte ich auch gern wissen.

Sie kommt später.

In der Küche

1. Was ist denn hier passiert? Schau das Bild an und such die Gegenstände.

der Kühlschrank
der Kochherd
die Herdplatte
der Backofen
das Blech
das Spülbecken
der Wasserhahn
die Pfanne
der Topf
das Brett
der Küchentisch
die Schublade
der Besen
die Schaufel
das Handtuch
der Eimer

der Abfalleimer
das Geschirr
der Teller
das Glas
die Tasse
die Untertasse
die Schüssel
der Krug
die Flasche
das Besteck
die Gabel
das Messer
der Löffel
der Mixer
der Schwingbesen
der Schwamm

2. Schau das Bild an. Setz die Nomen ein.

1.	*Die Tassen*	sind im Schrank.
2.		liegt neben der Herdplatte.
3.		steckt in der Wand.
4.		liegt auf dem Boden.
5.		steht auf dem Kochherd.
6.		steht im Spülbecken.
7.		liegt vor dem Backofen.
8.		liegt im Kühlschrank.
9.		steht hinter dem Kochherd.
10.		steht unter dem Tisch.

3. Larissa und Raffael räumen auf. Was gehört wohin? Verbinde.

Larissa stellt den Stuhl	in den Schrank.
Raffael stellt den Besen	neben das Spülbecken.
Larissa legt das Besteck	auf den Tisch.
Larissa legt den Mixer	in die Schublade.
Raffael stellt die Schüssel	auf den Boden.
Larissa legt das Brett	neben den Kühlschrank.

4. Bearbeite im Grammatik- und Übungsbuch: III Präpositionen mit Akkusativ oder Dativ, Seite 51; IV Der einfache Satz, Seite 54.

Die Geburtstagsparty
5. Folge

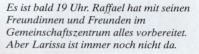

Es ist bald 19 Uhr. Raffael hat mit seinen Freundinnen und Freunden im Gemeinschaftszentrum alles vorbereitet. Aber Larissa ist immer noch nicht da.

So ein Mist!

Du bist so nervös heute. Sag mal: Bist du eigentlich in Larissa verliebt?

Ich??? Nein!! Wieso?! Na ja, sie gefällt mir schon …

Pass auf, sie hat einen Freund. Der ist sehr eifersüchtig!

Na und!

Der Raum ist fast fertig dekoriert. Was gibt es noch zu tun?

Raffael! Ihr seid schon fast fertig? Es tut mir leid …

Larissa!!!

Bist du mir böse?

Nein, aber wo warst du die ganze Zeit?

Zum Geburtstag viel Glück, zum Geburtstag viel Glück …

Die Party läuft gut …

Ich habe gedacht, Larissa ist mit Jo zusammen.

Er hat sich so blöd benommen. Sie hat mit ihm Schluss gemacht. Heute Nachmittag.

Ende

LERNTECHNIK

1 Wort + 1 Wort = 1 Wort

In der deutschen Sprache kann man Wörter zusammensetzen. Das hast du sicher auch schon gemerkt. Also zum Beispiel: die Schule + das Zimmer = das Schulzimmer.

Man kann verschiedene Wörter zusammensetzen. Zum Beispiel:
1. Nomen + Nomen   die Küche + der Tisch = der Küchentisch
2. Verb + Nomen   kochen + der Herd = der Kochherd
3. Präposition + Nomen   unter + die Tasse = die Untertasse

Such in den Texten dieses Buches zusammengesetzte Wörter und notier sie in drei Listen:
1. Nomen + Nomen   2. Verb + Nomen   3. Präposition + Nomen.

Beim Zusammensetzen von Nomen muss man diese Regel beachten:

Das zusammengesetzte Wort hw at den Artikel des letzten Wortes.
das Geschirr + der Schrank = **der Geschirrschrank**
das Geschirr + der Schrank + die Tür = **die Geschirrschranktür**

Liebesgedichte

Liebe international

I love you.	Wie bitte?
Io ti amo.	Was?
Te quiero mucho.	Ich verstehe nicht.
Je t'aime.	Ist das Französisch?
Wuo hai ni.	Das ist sicher Chinesisch.
Jag älskar dig.	Tönt nach Schwedisch.
Ben seni seviyorum.	Und welche Sprache ist das?
Ja te volim.	Die Sprache kenn ich nicht.
S'agapo.	Was bedeutet das?
Ich liebe dich!	Ach soooo!!!

Die grosse Liebe

Ich liebe dich.	Ich liebe dich auch.
Ich liebe dich mehr.	Ich liebe dich sehr.
Ich liebe dich so viel mehr.	Ich liebe dich so sehr.
Aber ich liebe dich viel viel mehr.	Und ich … nicht mehr.

RÜCKBLICK

Schau auf Seite 54.

Wie viele Folgen hat der Fotoroman?

Zeichne die Gesichtchen: 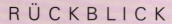 = gut   = es geht   = schlecht

Fragen zur Lerntechnik «1 Wort + 1 Wort = 1 Wort»:
1. Kann man in deiner Muttersprache Wörter zusammensetzen? ☐ ja ☐ nein
2. Kannst du jetzt zusammengesetzte Wörter auf Deutsch besser verstehen? ☐ ja ☐ nein
3. Hast du Listen mit zusammengesetzten Wörtern gemacht? ☐ ja ☐ nein

AUSSPRACHE

ch • ch • ch • ch • ch • ch • ch • ch • ch • ch

1. Hör zu und lies.

1. – Ich liebe dich.
   – Mich?
   – Ja dich!
   – Wirklich?
   – Ja sicher.
   – Aber ich dich nicht.
   – Warum nicht!?

2. – Möchtest du Milch?
   – Lieber nicht.
   – Vielleicht möchtest du nichts?
   – Richtig, ich möchte nichts.
   – Nichts! Das ist nicht viel.

3. – Brauchst du das Wörterbuch?
   – Ja.
   – Die ganze Woche?
   – Ja.
   – Hast du ein anderes Wörterbuch?
   – Nein.
   – Ach.

2. Übermal in den Texten 1. 2. und 3. alle /ch/ rot. Hör die Texte noch einmal und sprich nach.

3. Hör zu und wiederhol.

1. – Ich schwimme.
   – Ich schreibe.
   – Ich schminke mich.

2. – Setz dich!
   – An den Tisch?
   – Natürlich!

3. – Nachts sehe ich nichts.
   – Ich auch nicht.
   – Wirklich nichts?

4. – Suchst du ein Buch?
   – Ja, ein Buch.
   – Welches Buch?

4. Hör zu und setz die fehlenden Wörter ein.

Seit einer _____ liebt Friedrich ein _____. Nachts _____ Friedrich von ihr träumen. Er _____ ihr sagen: «_____ liebe _____!» Und er möchte von ihr hören: «_____ _____ _____!» Aber er träumt es _____. Vielleicht will er es _____. Vielleicht ist es _____ so. _____ sagt Friedrich dem Mädchen morgen _____: «_____ _____ _____!» Oder _____ kommt sie nächste _____ zu Friedrich und sagt ihm: «_____ _____ _____!» Vielleicht! _____ _____ _____!

eu • eu • eu • eu • eu • eu • eu • eu

1. Hör zu und lies den Text.

Eugen: Raffael, freust du dich auf heute Abend?
Raffael: Natürlich, heute feiern wir unseren Geburtstag.
Eugen: Euren Geburtstag!?
Raffael: Ja natürlich. Meinen und Larissas Geburtstag.
Eugen: Ach so. Schön. Ich gratuliere euch, und viel Spass heute Abend.

2. Hör zu und wiederhol.

| heute | Eugen | Deutsch | teuer | Leute | euch |
| neun | Freunde | Europa | Feuer | neu | Freude |

3. Hör zu und setz die fehlenden Wörter ein.

Anna: Freut ihr euch auf _____ _____? Wie viele _____ kommen zur Party? Kommt die _____ Freundin von _____ auch? Wie _____ ist der Raum? Macht ihr auch ein _____ draussen? Larissa: Du bist aber _____!

Einheit 5

Seite 68 Der Kanton Glarus
72 Vrenelis Gärtli
74 Lerntechnik: Nacherzählen
75 Landdienst
76 Die Jahrhunderte (Jh.)
76 Kinderarbeit in Fabriken
78 Auswanderung
80 Die Familie Winteler
82 Zwei Texte auf Schweizerdeutsch
83 Aussprache: /a/-/ä/-/e/; /äu/-/eu/; /pf/-/f/

Das kann ich …

- Ich kann eine Fotocollage herstellen.
- Ich kann die Sage «Vrenelis Gärtli» nacherzählen.
- Ich kann einen kleinen Familienstammbaum zeichnen.
- Ich kann /äu/ und /pf/ aussprechen.

Das verstehe ich …

- Ich verstehe die Texte.
- Ich verstehe die Tabelle auf Seite 70.
- Ich verstehe die Gedichte auf Schweizerdeutsch.

Das kenne ich …

- Ich kenne meinen Wohnkanton.
- Ich kenne die Schweizer Kantone.
- Ich kenne die Adresse des Landdiensts.

Das weiss ich …

- Ich weiss etwas über die Geschichte des Kantons Glarus.
- Ich weiss, was Landdienst ist.

Der Kanton Glarus

Das Glarnerland gehört zu den kleinen Kantonen der Schweiz. Von den Bergen im Süden bis zum Walensee im Norden sind es 40 Kilometer, von der Westgrenze zur Ostgrenze sind es weniger als 25 Kilometer.

Der Kanton Glarus ist ein Bergkanton. Im Haupttal fliesst der grösste Fluss. Es ist die Linth. Der höchste Berg ist der Tödi mit 3614 Metern über Meer.

Auf Seite 70 findest du eine Schweizer Karte mit dem Kanton Glarus, GL.

Glarner Sagen

Wie in allen Gegenden gibt es im Kanton Glarus Sagen. Das sind Geschichten, die Menschen immer weitererzählen und die sich auf eine bestimmte Zeit und einen bestimmten Ort beziehen.

Eine berühmte Glarner Sage heisst «Vrenelis Gärtli».

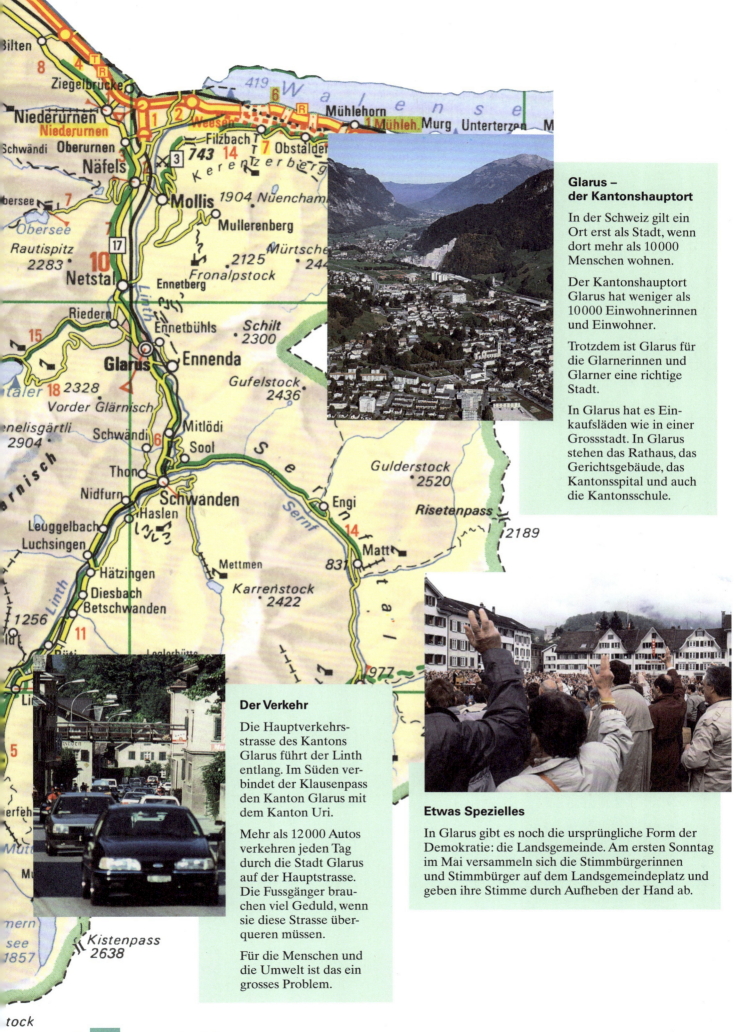

Glarus – der Kantonshauptort

In der Schweiz gilt ein Ort erst als Stadt, wenn dort mehr als 10000 Menschen wohnen.

Der Kantonshauptort Glarus hat weniger als 10000 Einwohnerinnen und Einwohner.

Trotzdem ist Glarus für die Glarnerinnen und Glarner eine richtige Stadt.

In Glarus hat es Einkaufsläden wie in einer Grossstadt. In Glarus stehen das Rathaus, das Gerichtsgebäude, das Kantonsspital und auch die Kantonsschule.

Der Verkehr

Die Hauptverkehrsstrasse des Kantons Glarus führt der Linth entlang. Im Süden verbindet der Klausenpass den Kanton Glarus mit dem Kanton Uri.

Mehr als 12000 Autos verkehren jeden Tag durch die Stadt Glarus auf der Hauptstrasse. Die Fussgänger brauchen viel Geduld, wenn sie diese Strasse überqueren müssen.

Für die Menschen und die Umwelt ist das ein grosses Problem.

Etwas Spezielles

In Glarus gibt es noch die ursprüngliche Form der Demokratie: die Landsgemeinde. Am ersten Sonntag im Mai versammeln sich die Stimmbürgerinnen und Stimmbürger auf dem Landsgemeindeplatz und geben ihre Stimme durch Aufheben der Hand ab.

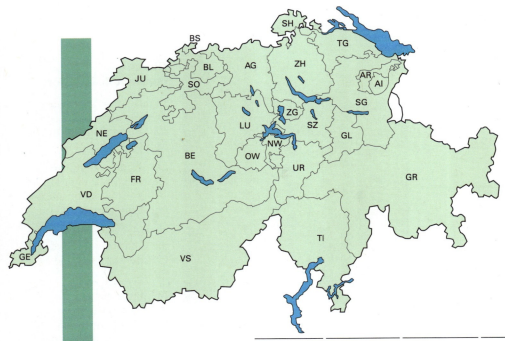

	Abkürzung	Eintritt in den Bund	Bodenfläche in km²	Wohnbevölkerung 2007		
				Total	Schweizerinnen Schweizer	Ausländerinnen Ausländer
Schweiz	CH		41 293,0	7 593 494	5 991 401	1 602 093
Aargau	AG	1803	1 404,6	581 562	463 155	118 407
Appenzell A.Rh.	AR	1513	243,2	52 654	45 695	6 959
Appenzell I.Rh.	AI	1513	172,5	15 471	13 961	1 510
Baselland	BL	1501	428,1	269 145	220 426	48 719
Basel-Stadt	BS	1501	37,2	185 227	129 121	56 106
Bern	BE	1353	6 049,4	962 982	843 052	119 930
Fribourg	FR	1481	1 670,0	263 241	219 403	43 838
Genf (Genève)	GE	1815	282,2	438 177	274 226	163 951
Glarus	GL	1352	684,6	38 237	30 923	7 314
Graubünden	GR	1803	7 105,9	188 762	160 754	28 008
Jura	JU	1978	837,5	69 555	61 360	8 195
Luzern	LU	1332	1 492,2	363 475	306 207	57 268
Neuenburg (Neuchâtel)	NE	1815	796,6	169 782	130 128	39 654
Nidwalden	NW	1291	275,8	40 287	36 241	4 046
Obwalden	OW	1291	490,7	33 997	29 954	4 043
Schaffhausen	SH	1501	298,3	74 527	58 204	16 323
Schwyz	SZ	1291	908,2	141 024	116 762	24 262
Solothurn	SO	1481	790,6	250 240	203 342	46 898
St. Gallen	SG	1803	2 014,3	465 937	368 476	97 461
Tessin (Ticino)	TI	1803	2 810,8	328 580	245 786	82 794
Thurgau	TG	1803	1 012,7	238 316	190 926	47 390
Uri	UR	1291	1 076,2	34 989	31 943	3 046
Waadt (Vaud)	VD	1803	3 219,0	672 039	476 968	195 071
Wallis (Valais)	VS	1815	5 225,8	298 580	241 519	57 061
Zug	ZG	1352	238,6	109 141	85 144	23 997
Zürich	ZH	1351	1 728,6	1 307 576	1 007 725	299 842

1. Schau die Tabelle an und vergleich die Angaben miteinander.

grösser / kleiner } als	mehr / weniger } als
der grösste / der kleinst } **Kanton**	am meisten / am wenigsten } **Menschen**

Die Bodenfläche des Kantons Glarus ist *grösser als* die Bodenfläche des Kantons Genf.
Die Bodenfläche des Kantons Glarus ist *kleiner als* die Bodenfläche des Kantons Graubünden.
Der Kanton Appenzell Innerrhoden ist *der kleinste* Kanton der Schweiz.
Im Kanton Glarus wohnen *mehr Menschen als* im Kanton Nidwalden.
Im Kanton Glarus wohnen *weniger Menschen als* im Kanton Zug.
Im Kanton Zürich wohnen *am meisten Menschen*.

2. Bearbeite im Grammatik- und Übungsbuch: I Adjektiv: Die Steigerung, Seite 57; Lerntechnik: Steigerung, Seite 57.

3. Vergleich die ausländische und die schweizerische Wohnbevölkerung in der ganzen Schweiz und in den verschiedenen Kantonen.

a) In welchem Kanton hat es am meisten Ausländerinnen und Ausländer?

b) In welchem Kanton hat es am wenigsten Ausländerinnen und Ausländer?

c) In welchen Kantonen hat es prozentual am meisten und am wenigsten Ausländerinnen und Ausländer?

4. Wie viele Menschen wohnen in den Kantonen pro Quadratkilometer? Rechne.

Beispiel: Im Kanton Glarus leben 38 508 Menschen auf 684,6 km².
38 508 : 684,6 = 56,24
Im Kanton Glarus leben durchschnittlich 56 Menschen pro Quadratkilometer.

5. Die Tabelle gibt noch viele andere Informationen. Such, was dich interessiert, und schreib einen Kommentar dazu.

Zum Beispiel: Uri, Schwyz, Nidwalden und Obwalden sind die ältesten Kantone der Schweiz.

6. Such auf einer Schweizer Karte die Kantone und die Hauptorte. Mach eine Liste.

Name des Kantons	Name des Hauptortes
Tessin	Bellinzona

Wie viele Kantone haben den gleichen Namen wie der Hauptort?

PROJEKT

Mein Wohnkanton

1. Stellt gemeinsam eine Collage her von eurem Wohnkanton wie auf Seite 68–69.
2. Benützt eine Schweizer Karte und eine Karte eures Kantons.
3. Schreibt Texte zu verschiedenen Themen.
4. Sucht Fotomaterial. Fragt zum Beispiel auf der Gemeindeverwaltung oder im nächsten Verkehrsbüro nach oder stellt selber Fotos her.
5. Hängt die Collage im Schulhaus auf.

5

△ Das viereckige Eisfeld auf dem Glärnisch heisst «Vrenelis Gärtli».
Die folgende Sage erklärt, warum das Eisfeld so heisst.

Vrenelis Gärtli

**1. Hör und lies die Sage zweimal.
Benütz kein Wörterbuch.**

Vor langer, langer Zeit wohnte eine Witwe im
Glarnerland. Sie hatte eine grosse, schöne Alp
auf dem Glärnisch, und sie verbrachte dort jeden
Sommer zusammen mit ihrer Tochter Vreneli.
5 Vreneli gefiel das Leben auf der Alp sehr gut.
Jeden Tag half sie ihrer Mutter bei der Arbeit.

Vreneli und ihre Mutter verbrachten den Herbst
und den Winter mit den Kühen im Tal. Vreneli
war dann immer traurig. Sie wollte lieber das
10 ganze Jahr auf der Alp bleiben. Aber das war
nicht möglich, denn es gab jeden Winter sehr viel
Schnee. Im Winter schaute sie oft zum Glärnisch
hinauf und weinte.

Wieder einmal kam der Herbst. Ganz oben auf
15 dem Glärnisch lag schon Schnee. Alles war
für den Alpabzug bereit. Da wollte Vreneli nicht
mehr ins Tal zurückgehen. Sie wollte auf den
Berg steigen und ganz oben Blumen pflanzen.
Vreneli war starrsinnig. Auch die Mutter konnte
20 sie nicht zurückhalten.

72 zweiundsiebzig

Vreneli setzte einen Käsekessel auf den Kopf und ging den Berg hinauf. Sie kam nur langsam vorwärts, denn der Schnee lag schon hoch und der Wind war kalt. Erschöpft kam Vreneli endlich auf dem Gipfel an.

Sofort begann sie mit der Arbeit. Sie schaufelte ein Stück Wiese frei und pflanzte dort Blumen. Aber Vreneli schaufelte den Schnee vergeblich weg, denn es schneite immer stärker. Der Käsekessel auf Vrenelis Kopf wurde immer schwerer und drückte sie zu Boden. Zuletzt konnte Vreneli nicht mehr aufstehen, und sie musste im Schnee sterben.

Seit jener Zeit liegt auf dem Glärnisch Eis und Schnee. Das viereckige Eisfeld ganz oben auf dem Glärnisch heisst heute noch «Vrenelis Gärtli».

2. Wähl fünf Nomen aus dem Text, die du nicht verstehst.

Denk dran! Nomen sind Wörter, die man gross schreibt!
Such in deinem Wörterbuch die Bedeutung in deiner Muttersprache und schreib die Wörter auf. Lies jetzt den Text noch einmal. Verstehst du den Text jetzt besser?

3. Kreuz an.

	richtig	falsch	Das steht nicht im Text.
1. Im Kanton Glarus wohnte einmal eine Witwe.	☐	☐	☐
2. Die Witwe hatte eine Tochter, eine Alp und viele Kühe.	☐	☐	☐
3. Im Herbst gingen alle mit den Kühen auf die Alp.	☐	☐	☐
4. Vreneli lebte lieber im Tal.	☐	☐	☐
5. Im Tal hatte Vreneli viele Freundinnen.	☐	☐	☐
6. Vreneli wollte im Frühling auf dem Berg Blumen pflanzen.	☐	☐	☐
7. Vreneli wollte Käse auf den Berg tragen.	☐	☐	☐
8. Vreneli starb unter dem Schnee.	☐	☐	☐

4. Welche Sätze passen zusammen? Lies zuerst alle Sätze durch. Verbinde dann die Sätze mit ähnlichem Inhalt.

vor langer Zeit

- Vreneli gefiel das Leben auf der Alp.
- Vreneli half ihrer Mutter jeden Tag.
- Vreneli war starrsinnig.
- Auf dem Berg lag Schnee.
- Vreneli wollte auf dem Gipfel Blumen pflanzen.
- Vreneli ging allein auf den Berg.

heute

- Marco hilft seiner Mutter auch jeden Tag.
- Auf der Strasse liegt kein Schnee.
- Larissa geht nie allein auf einen hohen Berg.
- Meine Freundin ist nicht starrsinnig.
- Alina gefällt das Leben in der Schweiz.
- Der Lehrer will im Schulgarten Gemüse pflanzen.

5. Bearbeite im Grammatik- und Übungsbuch: II Verben im Präteritum, Seite 60.

LERNTECHNIK

Nacherzählen

Such eine Partnerin oder einen Partner.
Lest zusammen die Sage noch einmal durch.
Dann erzählt ihr je einen Teil der Geschichte.
Benützt dazu die folgenden Satzanfänge.

1. Teil

Vor langer, langer Zeit wohnte …
Sie hatte …
und sie verbrachte …
Vreneli gefiel das Leben …
Jeden Tag half sie …

Im Herbst mussten …
Vreneli war dann immer …
Sie wollte lieber …
Aber das war …
denn es gab jeden …
Im Winter schaute sie …

Wieder einmal war …
Ganz oben auf dem Glärnisch lag …
Alles war für …
Da wollte Vreneli …
Sie wollte auf …
und ganz oben …
Vreneli war …
und auch die Mutter konnte …

2. Teil

Vreneli setzte einen …
und ging den …
Sie kam nur …
denn der Schnee lag …
und der Wind war …
Erschöpft kam Vreneli endlich …

Sofort begann sie mit …
Sie schaufelte ein Stück …
und pflanzte …
Aber es schneite …
und Vreneli schaufelte den …
Der Käsekessel auf Vrenelis Kopf wurde …
und drückte sie …
Zuletzt konnte Vreneli nicht …
und sie musste im …

Seit jener Zeit liegt …
Das viereckige Eisfeld ganz oben …

Landdienst

1. Lies den folgenden Text.

Thomas aus Wädenswil ist 16 Jahre alt. Er war schon zweimal im Landdienst. Er war bei Familie Gisler in Braunwald. Er berichtet von seinen Erfahrungen.

Landdienst

Rund 4000 Jugendliche arbeiten jedes Jahr in den Ferien im Landdienst. Bist du mindestens 14 Jahre alt? Interessiert dich die Arbeit auf einem Bauernhof in der Schweiz? Die Landdienst-Zentralstelle sucht dir einen Platz bei einer Bauernfamilie. Reise und Unterkunft sind gratis, und du bekommst ein Taschengeld.
Möchtest du weitere Informationen? Bestell bei der Landdienst-Zentralstelle in Zürich einen Prospekt.

Landdienst-Zentralstelle
Mühlegasse 13, Postfach 728,
8025 Zürich
Telefon 044 · 261 44 88

2. Hör den Bericht von Thomas.

3. Lies den folgenden Bericht von Karin.

Ich wohne in der Stadt. In den Ferien finde ich es zuhause langweilig. Dann arbeite ich lieber auf dem Land. Ich war letzten Sommer auf dem Hof von Familie Moser. Wenn die Kirschen reif sind, gibt es da sehr viel Arbeit. Man muss die Kirschen am richtigen Tag
5 pflücken. Wenn es zum Beispiel plötzlich stark regnet, gehen die reifen Kirschen kaputt. Ich habe sehr gern Kirschen gepflückt, und natürlich habe ich ziemlich viele gegessen. Wir haben die Kirschen auf dem Markt verkauft. Es hat mir wirklich Spass gemacht, auch einmal auf dem Markt zu arbeiten. Manchmal musste ich in
10 der Küche helfen. Am liebsten habe ich Brot gebacken. Wenn Frau Moser einkaufen ging, passte ich auf Roland und Martina auf. Sie sind erst 3 und 5 Jahre alt. Ich hab die beiden wirklich gern. Ich möchte sie bald einmal besuchen.

△ Das ist Karin aus Bern. Sie ist 14 Jahre alt. Auch sie war im Sommer zwei Wochen im Landdienst.

4. Hör und lies die Texte jetzt noch einmal. Wer sagt was? Kreuz an.

	Thomas	Karin
Ich wollte in den Ferien arbeiten.	☐	☐
In den Ferien ist es zuhause langweilig.	☐	☐
Ich war einmal im Landdienst.	☐	☐
Ich war zweimal im Landdienst.	☐	☐
Ich habe Kirschen gepflückt.	☐	☐
Ich habe beim Melken geholfen.	☐	☐
Ich habe auf die Kinder aufgepasst.	☐	☐
Ich habe die Kühe auf die Weide gebracht.	☐	☐
Ich habe einmal im Stall übernachtet.	☐	☐
Ich habe auf dem Markt Kirschen verkauft.	☐	☐

Die Jahrhunderte (Jh.)

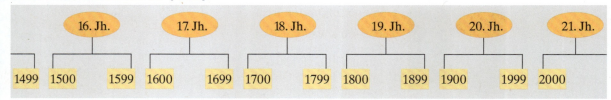

Kinderarbeit in Fabriken

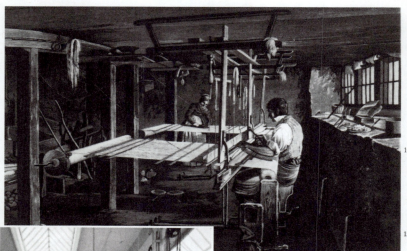

△ Ein Mann und eine Frau weben Stoff.

◁ Fabrikhalle

▽ Wohnzimmer eines Fabrikbesitzers

Einst lebten die meisten Menschen im Kanton Glarus von der Landwirtschaft. Seit dem 16. Jahrhundert verdienten viele Familien zusätzlich etwas Geld mit Heimarbeit. Sie spannen Garn oder webten Stoff.
Im 19. Jahrhundert veränderten die Maschinen das Leben der Menschen. Es gab jetzt Fabriken mit Spinn- und Webmaschinen. Die Zeit der Heimarbeit war vorbei.

Die meisten Familien waren arm und hatten viele Kinder. Es lebten immer mehr Menschen im Kanton Glarus, und der Boden wurde knapp. Viele Familien hatten ein kleines Stück Land, auf dem sie Kartoffeln anpflanzten. Die Ernten waren oft schlecht und die Familien hatten nicht genug zu essen. So mussten Frauen, Männer und Kinder in den Fabriken arbeiten.

1870 war der Kanton Glarus ein Industriestaat. Ein Drittel der Bevölkerung arbeitete in der Textilindustrie: in Spinnereien, Webereien und Stoffdruckereien. Die Arbeiterinnen und Arbeiter verdienten sehr wenig. Nicht nur die Erwachsenen, sondern auch die Kinder arbeiteten oft mehr als 12 Stunden am Tag.

Die Fabrikbesitzer waren reich. Die meisten Kinder gingen schon nach sechs Schuljahren

◁ Arbeiterwohnung

⁴⁰ in die Fabrik arbeiten. Sie mussten oft um 4 Uhr morgens aufstehen. Viele hatten einen weiten Weg zur Fabrik. Um 5 Uhr begann die ungesunde ⁴⁵ Arbeit in den heissen Fabrikhallen. Bis nach 19 Uhr arbeiteten die Kinder an den Maschinen. Nur am Sonntag standen die Maschinen still.

⁵⁰ Das eidgenössische Fabrikgesetz von 1877 regelte endlich auch die Kinderarbeit. Kinder unter 14 Jahren durften nicht mehr in Fabriken arbeiten. Die tägliche Arbeitszeit für Jugendliche und Erwachsene durfte nicht mehr als 11 Stunden sein.

△ Kinder an der Webmaschine

1. **Nach dem Fabrikgesetz von 1877 arbeiteten Jugendliche über 60 Stunden pro Woche. Vergleich mit deiner Arbeitszeit.**

Wie viele Stunden pro Woche hast du Unterricht?	
Wie viele Stunden machst du Hausaufgaben?	
Wie viele Stunden machst du andere Arbeiten?	
Wie viele Stunden sind das total?	

2. **Frag Erwachsene. Wie viele Stunden pro Tag arbeiten sie?**

Zum Beispiel:

	Arbeit im Beruf	Hausarbeit	andere Arbeiten	total
eine Lehrerin				
ein Lehrer				
deine Mutter				
dein Vater				

Auswanderung

Wenn ein Mensch seine Heimat für lange Zeit verlässt, nennt man das Auswanderung oder Emigration. Im letzten Jahrhundert sind viele Schweizerinnen und Schweizer nach Russland und nach Nord- und Südamerika ausgewandert. Spezielle Agenturen organisierten die lange Reise, und sie verdienten viel Geld.

Für Auswanderer.

Das Haus **Jean Stößel & Comp. in Basel** befördert regelmässig Auswanderer nach Nord- und Südamerika und Australien zu den billigsten Preisen und vorteilhaften Bedingungen.
Gute und freundschaftliche Behandlung.

Jean Stößel und Comp.,
Centralbahnplatz Nr. 9, Basel
oder bei den konzessionierten Generalagenten.

Die Agenturen wollten möglichst viele Schweizerinnen und Schweizer in die fernen Länder schicken. Deshalb veröffentlichten sie Inserate in Zeitschriften. Die Agenturen liessen auch Briefe von Auswanderern abdrucken. Diese Briefe waren aber erfunden. Die Agenturen versprachen den Menschen ein besseres Leben, aber die Wirklichkeit war anders.

1. Lies die folgenden zwei Briefe.
Welchen Brief hat eine Auswanderungsagentur erfunden?
Welchen Brief hat ein wirklicher Emigrant geschrieben? Kreuz an.

Liebe Mutter!

Ich habe schon viel Geld verdient. So sitze ich hier und zähle das Geld. Wenn ich 10 Jahre gesund bin, komme ich später mit 20000 Franken in die Schweiz zurück. Es sind viele Familien hier, die früher arm waren. Sie haben jetzt ein gutes Leben und essen
5 *jeden Tag Fleisch. Wenn einer hier den ganzen Tag arbeitet, verdient er mehr als in der Schweiz in einer Woche. Sag meinem Bruder Johann, er soll keine Stunde länger in der Schweiz bleiben. Er soll sofort nach Brasilien kommen. Kaffee, Zucker, Reis, Melonen, Feigen, Orangen und Zitronen wachsen hier von selbst*
10 *vor unserem Haus. Geld, Lebensmittel und Arbeit gibt es hier genug. Wer früher arm war, hat heute ein gutes Leben und ist morgen reich.*

(Caspar Geiger, Januar 1865, aus Brasilien)

☐ ein erfundener Brief
☐ ein echter Brief

Lieber Onkel!

In der Zeitung lasen wir einst Briefe aus Brasilien. Das ist alles gelogen. Wir hatten früher ein schlechtes Leben. Aber jetzt ist es noch schlechter.

Schon die Reise von Hamburg nach Santos war schlimm für
5 *alle. Wir fuhren 53 Tage auf dem Meer. Auf dem Schiff waren 300 Personen. Es hatte viel zu wenig Platz. Wir assen jeden Tag von unserem Trockenfleisch und Zwieback. Pro Person bekamen wir nur wenig Wasser. Oft war das Wetter schlecht. Wir konnten kein Feuer machen zum Kochen. Viele waren*
10 *krank. Es gab keinen Arzt auf dem Schiff. Acht Menschen starben. Ihre Leichen warf man ins Meer. Endlich kamen wir in Santos an.*

Damals hatten wir noch Hoffnung. Aber es kam alles anders. Wir arbeiten jetzt auf einer Kaffeeplantage für einen reichen
15 *Herrn. Wir verdienen wenig. Die Hälfte müssen wir dem Besitzer der Plantage abgeben. Das Geld bekommt die Agentur für die Reise. Wir müssen mit einer Familie ein kleines Haus teilen. In der Küche ist fast kein Platz. Später, wenn wir einmal alles bezahlt haben, sind wir frei. Aber ich glaube nicht mehr*
20 *an diesen Tag.*

(Thomas Marti, März 1869, aus Brasilien)

☐ ein erfundener Brief

☐ ein echter Brief

2. Welche Aussage steht in welchem Brief und in welchen Zeilen? Lies die folgenden Sätze und notier.

	im echten Brief	im erfundenen Brief	Zeilennummer
1. Wenn alles gut geht, komme ich in zehn Jahren mit viel Geld zurück.	☐	☐	
2. Die Agentur bekommt die Hälfte unseres Lohnes für die Reise.	☐	☐	
3. Auf der Reise starben acht Menschen.	☐	☐	
4. In Brasilien wächst alles von selbst vor dem Haus.	☐	☐	
5. Arme Leute werden hier schnell reich.	☐	☐	
6. In Brasilien ist das Leben schlechter als in der Schweiz.	☐	☐	
7. In Brasilien habe ich schon viel Geld verdient.	☐	☐	
8. Viele Familien haben jetzt in Brasilien ein gutes Leben.	☐	☐	
9. Die Reise nach Brasilien war sehr schlimm.	☐	☐	
10. Wir wohnen mit einer anderen Familie in einem kleinen Haus und haben fast keinen Platz.	☐	☐	

**3. Bearbeite im Grammatik- und Übungsbuch:
III Adverbien der Zeit, Seite 65; IV Die Satzverbindung, Seite 67.**

Die Familie Winteler

Eleonore Gerber-Winteler

1. Frau Eleonore Gerber-Winteler erzählt ihre Familiengeschichte. Lies den Text.

Die Familie Winteler stammt aus Mollis im Kanton Glarus. Mein Ururgrossvater, Johannes Winteler (geb. 1796), war Käser. Er wanderte 1815 nach Petersburg aus. Damals gab es im Kanton Glarus wenig Arbeit und viel Armut. Deshalb sind viele Menschen ausgewandert. Das ist ein altes Familienfoto aus dem Jahre 1906. Damals lebte die Familie in Nikolaiev am Schwarzen Meer, nicht weit von Odessa entfernt.

Das ist mein Grossvater, Wilhelm Jakob. Er ist 1858 in Riga geboren. Er heiratete 1891 Elisa Higley.

Neben meinem Grossvater steht sein ältester Sohn, Waldemar.

Das hier ist mein Onkel, Wilhelm.

Das ist meine Grossmutter, Elisa Higley. Sie ist 1872 in London geboren. Meine Grossmutter und mein Grossvater hatten vier Söhne: Waldemar, Wilhelm, Emil und Edgar.

Hier neben meinem Urgrossvater Higley sitzt die Schwester meiner Grossmutter. Sie hiess Eleonore wie ich.

Das ist mein Onkel, Emil.

Hier hinter meinem Vater sitzen der Vater und die Mutter meiner Grossmutter Elisa. Das sind meine Urgrosseltern Higley.

Mein Vater ist dieser Junge ganz vorne rechts. Er hiess Edgar Winteler und ist im Jahre 1894 in Nikolaiev geboren. 1920 heiratete mein Vater meine Mutter, Nina Sorina. Sie hatten zwei Kinder, mich und meinen Bruder Edgar. Ich bin 1921 in Nikolaiev geboren, und mein Bruder ist 1927 in Bern geboren.

2. Schreib im Stammbaum von Eleonore Gerber-Winteler die Namen und das Geburtsjahr.

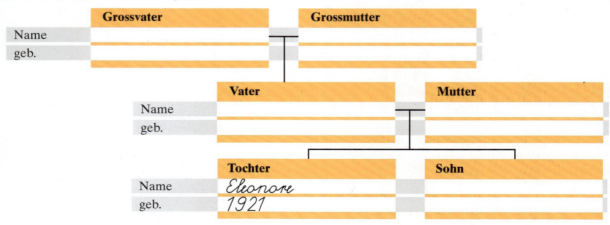

Tochter — Name: *Eleonore* — geb. *1921*

3. Auf der CD hörst du, warum die Familie in die Schweiz zurückkam. Hör zu und nummerier die Notizen.

▽ Eleonore Winteler mit fünf Jahren

☐
- seither in Zürich
- 2 Kinder, Eliane und Edgar
- 1 Enkelin, Corinne
- Zürich ist Heimatstadt

☐
- kleine 1-Zimmer-Wohnung
- Geburt von Edgar
- Eleonore lernt Berndeutsch
- zuhause Russisch

☐
- 1924 Flucht in die Schweiz
- wenig Geld
- als Flüchtlinge in Mollis

☐
- 1925 nach Bern
- Grosseltern in Mollis
- Arbeit in der Fabrik
- keine Wohnung

☐
- 1917 Revolution in Russland
- Die Familie Winteler hat nach 1917 fast nichts mehr

1
- Die Familie Winteler war wohlhabend
- Import von Landwirtschaftsmaschinen

☐
- Vater musste allein für die Familie sorgen
- wenig Arbeit, nur als Strassenarbeiter

☐
- Mollis, ein fremder Ort
- wenig Deutschkenntnisse
- Schweizerdeutsch ganz fremd

☐
- Anstellung als Verkäufer in Zürich
- Eleonore in der 1. Klasse
- Buben lachen, weil Eleonore Berndeutsch spricht
- Eleonore lernt Zürichdeutsch

PROJEKT

Die Geschichte meiner Familie

Bestimmt hat auch deine Familie eine interessante Geschichte. Frag deine Eltern oder Verwandten und mach eine Collage. Die folgenden Anregungen können dir helfen:

1. Sammle zuerst Informationen: Wie heissen deine Grosseltern? Wo und wann sind sie geboren? Wo und wie haben sie früher gelebt? Was wissen deine Eltern über ihre Grosseltern? (Die Grosseltern deiner Eltern sind deine Urgrosseltern.) Und so weiter.

2. Zeichne einen Stammbaum und trag alle Namen und Geburtsdaten ein, die du gefunden hast.

3. Hast du zuhause ein Familienfoto mit möglichst vielen Verwandten? Wenn ja, lass dir das Foto von deinen Eltern erklären. Fotokopier es und schreib Texte zu den Personen.

4. Schreib die Geschichte deiner Familie auf. Lass deine Texte von der Lehrerin oder vom Lehrer korrigieren.

5. Mach eine Collage mit dem Familienstammbaum, mit dem Familienfoto und mit den Texten. Häng die Collage im Klassenzimmer oder an einem anderen geeigneten Ort auf.

Viel Spass

Zwei Texte auf Schweizerdeutsch

1. Hör und lies.

**Ein Gedicht
von Heinz Wegmann
auf Zürichdeutsch**

es bitzeli

es bitzeli gschnäller
es bitzeli höcher
es bitzeli richer
es bitzeli schöner

alles es bitzeli besser

vo allem es bitzeli meh

nu es bitzeli

aber bald isch es
es bitzeli meh als
es bitzeli

bald isch es
es bitzeli
zvil

und dänn isch es scho
es bitzeli
zschpat

**Ein Lied
von Mani Matter
auf Berndeutsch**

es git e bueb mit name fritz
und dä cha renne wi dr blitz

är rennt dä unerhört athlet
so schnäll das me ne gar nid gseht

und wil er geng isch grennt bis jitz
het ne no niemer gseh dr fritz

und ig sogar dr värslischmid
mues zuegäh: vilicht gits ne nid

Beim Singen wird jede Zeile
wiederholt.

2. Welcher Dialekt gefällt dir besser? Zürichdeutsch oder Berndeutsch?
Übersetz einen Text auf Hochdeutsch.

RÜCKBLICK

Schau auf Seite 68

Welcher Text hat dir in dieser Einheit am besten gefallen?

Notier hier den Titel: _____

Hast du eine Collage über deinen Wohnkanton gemacht? ☐ ja ☐ nein

Hast du eine Collage über deine Familiengeschichte gemacht? ☐ ja ☐ nein

Zeichne die Gesichtchen: ☺ = gut 😐 = es geht ☹ = schlecht

AUSSPRACHE

a • ä • e • a • ä • e • a • ä • e • ä

1. Hör bitte gut zu.

der Zahn	die Zähne		säen	sehen
die Hand	die Hände		zählen	fehlen
das Glas	die Gläser		Räder	reden
der Mann	die Männer		Mädchen	Meter
das Land	die Länder		Däne	Schwede

2. Bitte sprich nach.

Eva, zähl bitte die Bälle.
Das Mädchen kämmt sich.
Reden die Mädchen?

Ich sehe sechs Räder.
Schweden und Dänen sind Männer.
Schwedinnen und Däninnen sind Frauen.

äu • eu • äu • äu • eu • äu • eu • äu • eu

1. Hör zu und sprich nach.

ein Haus	viele Häuser	ein Häuschen
eine Maus	viele Mäuse	ein Mäuschen
eine Laus	viele Läuse	ein Läuschen
ein Baum	viele Bäume	ein Bäumchen

2. Hör zu und sprich nach. Achtung: /äu/ und /eu/ spricht man gleich aus.

die Bäuerin und der Bauer
die Scheunen und die Häuser
die Bäume und das Heu
die Leute von heute

Die Glocken läuten laut.
Neue Häuser sind teuer.

pf • f • pf • f • pf • f • pf • f • pf

1. Hör bitte zu.

die Pflaume	die Flamme		das Pfund	der Fund
der Apfel	der Affe		das Pferdchen	das Ferkel
die Pfanne	die Fahne		der Pfarrer	der Fahrer
der Kopf	der Koffer		der Pflug	der Flug

2. Hör zu und wiederhol.

Äpfel, Pflaumen und Pfirsiche sind Früchte.
Pflaumen, Äpfel und Pfirsiche mag ich sehr.
Pferde und Affen essen auch Äpfel.

Der Topf steht auf der Flamme.
Wir pflücken die Pflaumen
und kochen sie im Dampfkochtopf.
Pfui! Pflaumenmus mag ich nicht.

Einheit 5

Seite	
84	Anatomie des Menschen
87	Eine Schnupperlehre
89	Berufsbild: Arztgehilfin
90	Nelzina braucht einen Arzt
91	Gespräche im Sprechzimmer
92	So ein Pech
93	Entschuldigungen
94	Die Hausapotheke
95	Was tun für die Gesundheit?
96	Das Gebiss
97	Ein Loch im Zahn
98	Lerntechnik: Wie lernst du am besten?
99	Aussprache: /k/ - /g/; /d/ - /t/; /z/ - /ts/

Das kann ich …
- Ich kann am Telefon einen Termin abmachen.
- Ich kann eine Entschuldigung schreiben.

Das verstehe ich …
- Ich verstehe die Telefongespräche.
- Ich verstehe die Dialoge im Sprechzimmer.
- Ich verstehe das Interview mit Frau Dr. Zeyer.

Das kenne ich …
- Ich kenne die Körperteile und die Organe.
- Ich kenne das Berufsbild der Arztgehilfin.
- Ich kenne die Medikamente einer Hausapotheke.
- Ich kenne mein Gebiss.

Das weiss ich …
- Ich weiss, wie man den Körper pflegt.
- Ich weiss, wie man die Zähne pflegt.
- Ich weiss, wie man einen Arzt sucht.

Anatomie des Menschen

1. Schau die Bilder an.
Notier die Wörter in deiner Muttersprache.

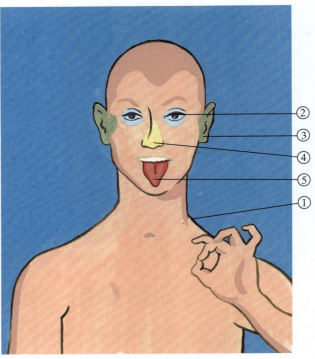

die Sinnesorgane
1 = die Haut
2 = das Auge
    die Augen
3 = das Ohr
    die Ohren
4 = die Nase
5 = die Zunge

84 vierundachtzig

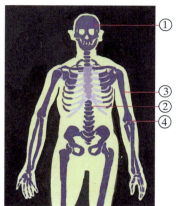

das Skelett
1 = der Schädel
2 = die Wirbelsäule
3 = der Knochen
   die Knochen
4 = das Gelenk
   die Gelenke

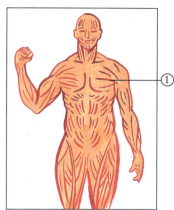

die Muskulatur
1 = der Muskel
   die Muskeln

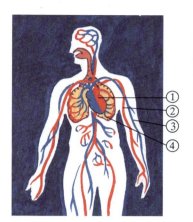

die Atmung und der Kreislauf
1 = das Herz
2 = die Vene
   die Venen
3 = die Arterie
   die Arterien
4 = die Lunge

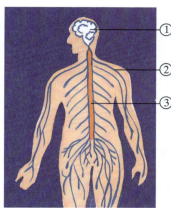

das Nervensystem
1 = das Gehirn
2 = der Nerv
   die Nerven
3 = das Rückenmark

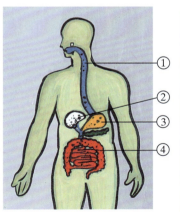

der Verdauungsapparat
1 = die Speiseröhre
2 = die Leber
3 = der Magen
4 = der Darm

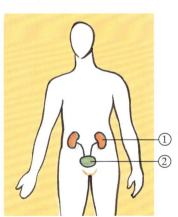

die Ausscheidungsorgane
1 = die Niere
   die Nieren
2 = die Blase

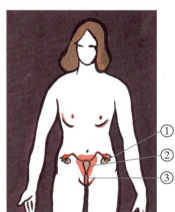

die weiblichen Geschlechtsorgane
1 = der Eierstock
   die Eierstöcke
2 = die Gebärmutter
3 = die Scheide

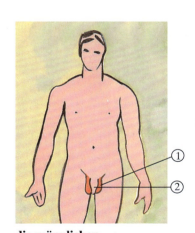

die männlichen Geschlechtsorgane
1 = der Hodensack
2 = der Penis

2.

Du hast die Bilder angeschaut und die Wörter übersetzt.
Füll die Tabelle mit Hilfe der Bilder aus.

Der Mensch hat **einen**	*Magen.*	m.
Der Mensch hat **einen**		m.
Der Mensch hat **ein**	*Herz.*	n.
Der Mensch hat **ein**		n.
Der Mensch hat **ein**		n.
Der Mensch hat **eine**	*Wirbelsäule.*	f.
Der Mensch hat **eine**		f.
Der Mensch hat **eine**		f.
Der Mensch hat **eine**		f.
Der Mensch hat **eine**		f.
Der Mensch hat **zwei**	*Nieren.*	pl.
Der Mensch hat **viele**	*Knochen.*	pl.
Der Mensch hat **viele**		pl.
Der Mensch hat **viele**		pl.
Der Mensch hat **viele**		pl.
Der Mensch hat **viele**		pl.
Der Mensch hat **viele**		pl.
Die Frau hat **eine**	*Gebärmutter.*	f.
Die Frau hat **eine**		f.
Die Frau hat **zwei**	*Eierstöcke.*	pl.
Der Mann hat **einen**	*Hodensack.*	m.
Der Mann hat **einen**		m.

4.

Setz die passenden Verben ein.
Kennst du weitere Verben, die passen?

Der Mensch hat fünf Sinne.

Mit den Augen kann ich	*sehen* .
Mit den Augen kann ich auch *schauen und blinzeln* .
Mit den Ohren kann ich	.
Mit den Ohren kann ich auch	.
Mit dem Mund kann ich	.
Mit dem Mund kann ich auch	.
Mit der Nase kann ich	.
Mit der Nase kann ich auch	.
Mit der Hand kann ich	.
Mit der Hand kann ich auch	.

hören / lauschen / zuhören
~~sehen~~ / ~~schauen~~ / ~~blinzeln~~
tasten / greifen / streicheln,
riechen / schnuppern
schmecken / sprechen / pfeifen

3.

Lies und schreib. Was ist bei den folgenden Tätigkeiten besonders aktiv?

Du kommst vom Schwimmen und hast kalt.
die Sinnesorgane: die Haut

Du hast ein gutes Mittagessen gehabt. Du bist satt.

Du rennst einen Kilometer. Dein Herz klopft schnell.

Du machst eine Rechenaufgabe. Du suchst die beste Lösung.

Du hast dich in den Finger geschnitten. Die Wunde blutet und brennt.

Du trägst eine volle Einkaufstasche nach Hause. Die Einkaufstasche ist schwer.
Du trägst sie abwechslungsweise mit der linken oder mit der rechten Hand.

Du streichelst eine Katze. Du spürst ihr weiches Fell.

Du machst eine Deutschprüfung. Du bist ein bisschen nervös. Deine Hände zittern.

Eine Schnupperlehre

Vielleicht werde ich einmal Arztgehilfin.

Nelzina ist 15. Sie macht eine Schnupperlehre in der Arztpraxis von Frau Dr. Olivia Zeyer, weil sie Arztgehilfin werden möchte. Sie hat sich auf diese Schnupperlehre gut vorbereitet. Sie hat sich viele Fragen notiert. Sie verbringt zwei Tage in der Praxis und darf der Arztgehilfin, Frau Angela Suhner, bei der Arbeit zuschauen. Zwar darf sie bei den Untersuchungen der Patientinnen und Patienten nicht dabei sein. Aber sie darf die Ärztin in den Arbeitspausen alles fragen.

Guten Tag.
Guten Tag, Nelzina.
Guten Tag, Nelzina. Wir haben dich erwartet.

Angela, darf ich euch allein lassen?
Ja, sicher. Ich zeige Nelzina alles.

Nelzina, weisst du schon etwas über meinen Beruf?
Ja und nein. Ich habe viele Fragen vorbereitet.

Das ist sehr gut. Du darfst mich auch alles fragen.

1. Nelzina hat am ersten Morgen zugeschaut und alles notiert, was Frau Suhner macht. Hör den Bericht von Nelzina mehrmals und notier die Uhrzeiten.

8.30	Arbeitsbeginn
8.30	Blumen giessen
	einer Patientin Blut nehmen, Blut und Urin untersuchen, Geräte sterilisieren
	die Krankengeschichten für den Tag bereitlegen
	Patientenkarte für neue Patientin ausfüllen
	Telefon: eine Patientin meldet sich ab, neuen Termin abmachen
	Telefon: Termin abmachen
	Therapeutin begrüssen
	Post öffnen und versorgen
	Telefon: Termin abmachen
	Schwangerschaftstest für die neue Patientin
	Termin mit der neuen Patientin abmachen
	kurze Kaffeepause
	die älteste Patientin (geboren 1896) begrüssen und mit ihr plaudern
	Telefon: Termin abmachen, neue Adresse der Patientin notieren
	Abrechnungen schreiben
	Telefon: Termin für die Therapie verschieben
	Arbeit im Labor
	Mittagspause

2. Jede neue Patientin und jeder neue Patient müssen dieses Formular ausfüllen.
Füll das Formular mit deinen Angaben aus.

Personalienblatt

Name: _____ Vorname: _____

PLZ / Wohnort: _____ Strasse / Haus-Nr.: _____

Telefon-Nr. P: _____ Telefon-Nr. G: _____

Geburtsdatum (Tag / Monat / Jahr): _____

Geschlecht: ☐ m ☐ w

Zivilstand: ☐ ledig ☐ verheiratet
☐ geschieden ☐ verwitwet ☐ mit Partnerin/Partner

Nationalität: _____ evtl. Aufenthaltsbewilligung: Typ ☐ A ☐ B ☐ C

Beruf: _____ Arbeitgeber: _____

Krankenkasse: _____

Versicherung: ☐ allgemein ☐ halbprivat ☐ privat

Nächste Angehörige: Adressen und Telefon-Nr.: _____

---

3. Herr Lopez telefoniert mit Frau Suhner.
Er möchte einen Termin abmachen.
Hör das Gespräch und notier das Datum
und die Uhrzeit des Termins.

April		8	9	10	11	12	13	14
1	Sa							
2	So					Olten		
3	Mo							
4	Di	7.30 Luzern						
5	Mi	8.15 St. Gallen						
6	Do	8.00 Zürich Kurs		10.30 Uster				
7	Fr							
8	Sa	} Ausflug						
9	So							
10	Mo	} Bern Seminar						
11	Di							
12	Mi							
13	Do							

4. Hör das Gespräch noch einmal und schreib es
als Diktat. Vergleich deinen Text mit dem Text
im Anhang und korrigier die Fehler.

5. Spielt ähnliche Telefongespräche wie in Übung 3.

Nehmt einen leeren Terminkalender und tragt beliebig viele Termine ein.
Setzt euch Rücken an Rücken und sucht jetzt einen gemeinsamen freien Termin.
Zum Sprechen könnt ihr die Sätze aus dem Diktat (Übung 4) und aus der
Illustration benützen. Wiederholt das Spiel mit einer anderen Partnerin oder
mit einem anderen Partner.

Praxis Doktor Röntgen, guten Tag.

Guten Tag. Hier ist Malat.
Ich hätte gerne einen Termin.

Gut. Wann können Sie kommen?

Am liebsten sofort.

Das geht nicht.

Und wie sieht es morgen aus?

Können Sie am Dienstag
um 10 Uhr kommen?

Nein, das geht nicht.

Und am Mittwoch?

Auch nicht.

Ja, am Donnerstag um 11 Uhr?
Da hab ich noch einen Termin frei.

Aber am Donnerstag, da hab ich
den ganzen Tag frei.

Berufsbild: Medizinischer Praxisassistent
Medizinische Praxisassistentin (Arztgehilfin)

Berufsbeschreibung

Medizinische Praxisassistentinnen oder Praxisassistenten arbeiten eng mit der Ärztin oder dem Arzt zusammen.

- Sie empfangen die Patientinnen und Patienten.
- Sie bereiten die Untersuchungen vor und helfen der Ärztin oder dem Arzt bei den Untersuchungen.
- Sie machen den Terminplan, schreiben Briefe und füllen die Formulare der Krankenkassen und der Versicherungen aus.
- Sie legen Verbände an, verabreichen Spritzen, machen Blutentnahmen und Röntgenaufnahmen.
- Sie führen im Labor Untersuchungen mit dem Mikroskop und mit weiteren Instrumenten durch.
- Sie bedienen die Apparate und sterilisieren die Instrumente.
- Sie assistieren die Ärztin oder den Arzt bei kleinen Operationen.
- Sie können Erste Hilfe leisten.

Berufsanforderungen

- Flexibilität
- Verständnis für Zusammenhänge in Biologie, Chemie und Physik
- Organisationstalent
- guter Umgang mit Menschen

Berufsausbildung

Es git 2 Ausbildungswege. Beide dauern drei Jahre.

A: Ausbildung an einer Privatschule
- 1½ Jahre Unterricht
- 1 Jahr Praktikum in einer Arztpraxis
- ½ Jahr Vorbereitung auf die Abschlussprüfung.

B: Lehre in einer Arztpraxis
- Praktische Ausbildung in der Arztpraxis
- Theoretische Ausbildung an der Berufsschule (1 bis 3 Tage pro Woche)

Nach bestandener Lehrabschlussprüfung erhält man das eidgenössische Fähigkeitszeugnis als «Gelernte/r Medizinische/r Praxisassistent/in»

Verwandte Berufe

- Dentalassistent/in
- Medizinische/r Laborant/in
- Pflegefachmann/-frau
- Pharma-Assistent/in

Vorbildung/Aufnahmebedingungen

- abgeschlossene Volksschule
- Mindestalter: 16 Jahre
- Gute Leistungen in Biologie, Chemie und Physik sind von Vorteil.

Weiterbildung/Spezialisierung/Aufstieg

Die Berufsverbände und Schulen bieten verschiedene Weiterbildungen an. Zudem kann man sich in der Röntgentechnik spezialisieren.

Arbeits- und Berufsverhältnisse

Die Arbeitszeit kann unregelmässig sein. Manchmal müssen Überstunden geleistet werden.

Weitere Informationen

Verbindung der Schweizer Ärztinnen und Ärzte FMH
Elfenstrasse 18
3000 Bern 16
Telefon: 031/359 11 11, Telefax: 031/359 11 12
Homepage: www.fmh.ch, E-Mail: fmhmprax@hin.ch

Schweizerischer Verband
Medizinischer PraxisAssistentinnen SVA
Monbijoustrasse 35
Postfach 6432
3001 Bern
Telefon: 031/381 14 43, Telefax: 031/381 04 57
Homepage: www.sva.ch, Email: sekretariat@sva.ch

---

1. Lies das Berufsbild der medizinischen Praxisassistentin.

2. Lies die Titel im Berufsbild (Berufsbeschreibung, Berufsanfoderung usw.). Verstehst du diese Titel genau? Schreib die Wörter in dein Wörterheft und übersetz sie.

3. Überleg: Welcher Kollegin oder Kollegen könntest du diesen Beruf empfehlen? Warum?

4. Welche Berufe interessieren dich? Frag deine Lehrerin oder deinen Lehrer nach Berufsbildern oder hol sie im Berufsinformationszentrum (BIZ).

Nelzina braucht einen Arzt

**1. Lies den Text zweimal.
Benütz kein Wörterbuch.**

Als wir noch nicht lange in Zürich wohnten, hatte ich einmal eine starke Grippe. Ich hatte Halsschmerzen, Husten und 38 Grad Fieber. Natürlich konnte ich nicht zur Schule gehen. Ich rief meine
5 Lehrerin an und sagte ihr, dass ich krank bin. Sie wünschte mir gute Besserung. Am dritten Tag wurden die Halsschmerzen immer schlimmer. Ich konnte fast nicht mehr schlucken, und das Fieber stieg auf 39 Grad. Meine Mutter fragte
10 unsere Nachbarin nach der Telefonnummer ihres Hausarztes.
Ich rief die Praxis an. Die Arztgehilfin sagte aber, dass sie keine neuen Patientinnen oder Patienten mehr aufnehmen kann. Ich fragte
15 unsere Nachbarin um Rat. Sie sagte: «Ruf noch einmal die Praxis an und frag nach der Adresse einer anderen Praxis.» Ich rief noch einmal an. Die Arztgehilfin gab mir die Nummer einer anderen Praxis ganz in unserer Nähe.
20 «Diese Praxis ist ziemlich neu», sagte sie. «Dort bekommst du sicher einen Termin.»
Sie hatte recht. Ich konnte am Nachmittag vorbeigehen. Der Arzt war jung und sehr nett. Er verschrieb mir Antibiotika, und ich musste
25 die ganze Woche zuhause bleiben. Seither ist dieser Arzt unser Hausarzt.

2. Notier: Wie viele Personen kommen im Text vor?

Nelzina, die Lehrerin,

3. Lies die folgenden Sätze und überleg: Wer hat das gesagt?

«Ich kann nicht in die Schule kommen. Ich habe 39 Grad Fieber und Halsschmerzen.»	*Nelzina*
«Ich wünsche dir gute Besserung.»	
«Meine Tochter ist krank. Können Sie mir die Telefonnummer Ihres Hausarztes geben?»	
«Es tut mir leid. Wir nehmen keine neuen Patientinnen und Patienten mehr auf.»	
«Ruf noch einmal die Praxis an und frag nach der Adresse einer anderen Praxis.»	
«Du musst eine Woche zuhause bleiben!»	

4. Schreib die Sätze jetzt so.

Beispiel:
Nelzina sagt: *«Ich konnte fast nicht mehr schlucken, und das Fieber stieg auf 39 Grad.»*
Achte auf die Satzzeichen.

> Hast du einen Impfausweis? Nimm ihn mit, wenn du zu einer neuen Ärztin oder zu einem neuen Arzt gehst.

Gespräche im Sprechzimmer

1. Hör und lies die Gespräche.

1. Szene:
Patrick Boller ist 18 Jahre alt. Er macht eine Bürolehre bei einer Bank.

Frau Dr. Zeyer:	Guten Tag, Herr Boller. Wie geht es Ihnen?
Patrick Boller:	Schlecht, sehr schlecht … In der Nacht muss ich immer husten, und der Schnupfen wird auch nicht besser.
Frau Dr. Zeyer:	Haben Sie Fieber?
Patrick Boller:	Ja, gestern Abend hatte ich 38 Grad Fieber. Aber ich bin dann heute Morgen trotzdem zur Arbeit gegangen. Sie wissen, wir haben immer viel zu tun in unserer Abteilung.
Frau Dr. Zeyer:	Ich möchte Ihren Hals anschauen. Bitte öffnen Sie den Mund. Strecken Sie die Zunge heraus. Ja, gut. Sagen Sie aaaah. Noch einmal. Die Mandeln sind entzündet. Haben Sie Halsschmerzen?
Patrick Boller:	Ja, wenn ich schlucke, tut es mir weh.
Frau Dr. Zeyer:	Ziehen Sie bitte den Pullover aus. Atmen Sie tief ein und aus. Herr Boller, Sie haben eine Grippe. Sie müssen ein paar Tage zuhause bleiben und sich gut erholen. Ich schreibe Ihnen ein Zeugnis für Ihren Arbeitgeber. Rauchen Sie eigentlich noch?
Patrick Boller:	Ja, aber mit dieser Grippe rauche ich natürlich weniger.
Frau Dr. Zeyer:	Trinken Sie viel Tee. Gurgeln Sie mehrmals täglich mit Salbeitee oder Salzwasser. Das nützt gegen die Halsschmerzen. Hier ist das Zeugnis. Ich wünsche Ihnen gute Besserung.
Patrick Boller:	Vielen Dank und auf Wiedersehen.
Frau Dr. Zeyer:	Wenn es in drei Tagen nicht besser geht, rufen Sie wieder an. Kommen Sie nächste Woche wieder vorbei. Machen Sie mit Frau Suhner einen Termin ab.

2. Szene:
Carmen Diaz ist 14 Jahre alt. Sie kommt mit ihrem Vater in die Praxis.

Carmen:	Guten Morgen.
Frau Dr. Zeyer:	Sali Carmen, guten Morgen Herr Diaz.
Herr Diaz:	Guten Morgen, Frau Doktor Zeyer. Carmen ist auf der Treppe ausgerutscht. Jetzt ist der Fuss ganz geschwollen.
Carmen:	Ich kann nicht auf dem Fuss stehen. Er tut so weh.
Frau Dr. Zeyer:	Leg dich gleich hier hin und zieh die Hose und die Socken aus. Tut das Knie weh?
Carmen:	Nein, aber der Fuss. Meinen Sie, der Fuss ist gebrochen?
Herr Diaz:	Wart jetzt, Carmen. Frau Zeyer muss doch den Fuss zuerst untersuchen.
Frau Dr. Zeyer:	Tut das weh?
Carmen:	Ja, ein wenig.
Frau Dr. Zeyer:	Ich drücke jetzt an verschiedenen Stellen. Sag mir, wenn es weh tut.
Carmen:	Hier tut es nicht weh. Aua! Au! Aber hier. Auuuu. Bitte aufhören.
Herr Diaz:	Carmen, tu doch nicht so!
Frau Dr. Zeyer:	Es ist möglich, dass ein Mittelfussknochen gebrochen ist. Wir müssen den Fuss röntgen.
Carmen:	Muss man den Fuss operieren, wenn dieser Knochen gebrochen ist?
Frau Dr. Zeyer:	Nein, das denke ich nicht. Herr Diaz, können Sie mit Carmen ins Spital zum Röntgen gehen?
Herr Diaz:	Ja, sicher. Können Sie uns ein Taxi bestellen? Wir sind nicht mit dem Auto hier.
Frau Dr. Zeyer:	Frau Suhner bestellt Ihnen ein Taxi. Geben Sie diesen Brief bei der Patientenaufnahme ab.
Herr Diaz:	Auf Wiedersehen, Frau Doktor Zeyer.
Carmen:	Auf Wiedersehen.
Frau Dr. Zeyer:	Auf Wiedersehen.

2. Wählt eine Szene und spielt sie auswendig.

3. Bearbeite im Grammatik- und Übungsbuch:
I Personalpronomen im Nominativ, Akkusativ und Dativ, Seite 71.

So ein Pech

1. Lies und verbinde die Wörter mit den passenden Illustrationen. Schreib die neuen Wörter in dein Wörterheft.

eine Grippe/ eine Erkältung

Kopfschmerzen/ Kopfweh

eine Schnittwunde

eine Beule

Bauchschmerzen/ Bauchweh

ein Fussgelenk verstaucht

einen Arm gebrochen

eine Allergie

2. Schreib die folgenden Sätze fertig.

1. Manuela hat zu lange im Schnee gespielt. Jetzt hat sie Fieber, Halsschmerzen und Ohrenschmerzen.
   Sie hat   .
2. Pino hat einen Arm im Gips. Er ist von einem Baum gefallen.
   Er hat   .
3. Jaime hat sich beim Kochen geschnitten. Er hat den Finger verbunden.
   Er hat   .
4. Corinne ist mit dem Kopf gegen die offene Schranktür gestossen. Jetzt hat sie   .
5. Stefan hat den Fuss verbunden. Er ist auf einer Bananenschale ausgerutscht.
   Jetzt hat er   .
6. Basil hat zu viel gegessen. Jetzt ist ihm schlecht. Er hat   .
7. Bea hat schlecht geschlafen. Jetzt ist sie müde und hat   .
8. Eine Biene hat Andy in den Arm gestochen. Der ganze Arm ist geschwollen und juckt.
   Andy hat   .

Entschuldigungen

1. Lies die Entschuldigungen und schreib die neuen Wörter in dein Wörterheft.

---

3. Februar 2008

Entschuldigung

Sehr geehrte Frau Antenna
Ich konnte letzte Woche die Schule nicht besuchen, weil ich eine Grippe hatte.
Nelzina Dos Santos

Unterschrift der Mutter
Dos Santos

---

19. Juni 2008

Entschuldigung

Lieber Herr Meier
Ich habe am Samstag im Schwimmbad den Fuss verstaucht. Deshalb kann ich leider vorläufig nicht turnen. Ich bitte Sie um Verständnis.
Celko Colic

Unterschrift des Vaters
M. Colic

---

27. August 2008

Entschuldigung

Sehr geehrter Herr Giacometti
Ich konnte gestern die Schule nicht besuchen, weil ich eine Darmgrippe hatte. Ich bitte Sie um Verständnis.
Sara Clerc

Unterschrift der Mutter
C. Clerc

---

28. März 2008

Entschuldigung

Liebe Frau Heer
Ich muss am nächsten Dienstag um 9 Uhr zu einer Kontrolle ins Spital. Ich kann deshalb erst am Nachmittag in die Schule kommen.
Carmen Diaz

Unterschrift des Vaters
A. Diaz

---

2. Du hast die Entschuldigungen gelesen. Setz jetzt die passenden Namen ein.

- _____ hat den Fuss im Gips und muss zu einer Kontrolle ins Krankenhaus.
- _____ hat Fieber und Halsschmerzen und muss eine Woche zuhause bleiben.
- _____ hat Probleme mit der Verdauung.
- _____ hat sich beim Sport am Fuss verletzt.

3. Schreib selber Entschuldigungen.
- Tony hat eine starke Erkältung und muss drei Tage zuhause bleiben. Seine Lehrerin heisst Frau Rohner.
- Kata hat das Handgelenk verstaucht und darf eine Woche nicht turnen. Ihr Turnlehrer heisst Herr Nef.
- Du bist krank. Wähl eine Krankheit und schreib eine Entschuldigung an deine Lehrerin oder an deinen Lehrer.

4. Sicher hast du auch schon in der Schule gefehlt. Diskutiert die folgenden Fragen in der Klasse.
- Verlangt deine Lehrerin oder dein Lehrer auch eine Unterschrift von den Eltern oder von einer anderen erwachsenen Person auf der Entschuldigung?
- Findest du es richtig, dass Erwachsene die Entschuldigungen von Jugendlichen unterschreiben müssen?
- Bis zu welchem Alter findest du das nötig?
- Was meint deine Lehrerin oder dein Lehrer dazu?

Fritzchen hat einen ganzen Tag die Schule geschwänzt. Damit niemand etwas merkt, erfindet er eine Entschuldigung:

Sehr geehrter Herr Huber
Weil mein Sohn Fritzchen gestern Bauchweh hatte, konnte ich die Schule nicht besuchen.
Ich bitte Sie um Entschuldigung.

Der Vater

---

5. Bearbeite im Grammatik- und Übungsbuch:
III Rektion der Verben, Seite 78.

Die Hausapotheke

1. Verbinde das Wort mit dem richtigen Gegenstand.

das Pflaster

das Fieberthermometer

die Watte

die Pinzette

der Insektenspray

die elastische Binde

das Desinfektionsmittel

die Bettflasche/
die Wärmeflasche

die Schmerztabletten (pl.)

die Salbe

die Zäpfchen (pl.)
gegen Fieber

die Kapseln (pl.)
mit Vitaminen

die Augentropfen (pl.)

2. Zu welchen Medikamenten passen die folgenden Verben? Verbinde.

einnehmen

einführen

gurgeln

auftragen

3. Übersetz die Verben von 2. in deine Muttersprache und schreib sie in dein Wörterbuch.

4. Schreib Sätze.

Beispiel: *Sie müssen die Tabletten dreimal täglich nach den Mahlzeiten einnehmen.*

| die Tabletten
die Zäpfchen
die Kapseln
die Tropfen
die Salbe | einmal
zweimal
dreimal | täglich | vor
während
nach
zwischen | dem Nachtessen
den Mahlzeiten
dem Frühstück
dem Mittagessen | einnehmen
einführen
auftragen
einreiben |

Achtung: Wenn du ein Medikament bekommst, musst du es genau nach Vorschrift gebrauchen.

5. Bearbeite im Grammatik- und Übungsbuch: II Präpositionen mit Akkusativ, Seite 75;
Lerntechnik: Karten legen – Sätze bauen, Seite 77.

PROJEKT

In jedes Haus gehört eine Hausapotheke.

1. Was gehört deiner Meinung nach in eine Hausapotheke? Schreib eine Liste.
2. Geh in eine Apotheke oder in eine Drogerie. Bitte die Verkäuferin oder den Verkäufer um Hilfe. Hast du auf deiner Liste etwas vergessen? Kannst du etwas weglassen?
3. Notier auf der Liste die Namen und die Preise der Produkte. Natürlich gibt es zum Beispiel viele verschiedene Salben. Entscheide dich für eine.
4. Zähl die Preise zusammen. Wie viel kostet deine Hausapotheke?
5. Kontrollier die Hausapotheke der Schule. Auf jeder Packung steht ein Datum. Das ist das Verfalldatum. Nach diesem Datum sollte man das Produkt nicht mehr benützen. Findest du die Verfalldaten auf allen Produkten? Arzneimittel mit verfallenem Datum muss man in eine Apotheke zurückbringen.
6. Fehlt etwas in der Hausapotheke oder muss etwas ersetzt werden? Informier deine Lehrerin oder deinen Lehrer.

Was tun für die Gesundheit?

1. Nelzina hat Frau Dr. Olivia Zeyer interviewt. Sie wollte wissen, wie man gesund leben kann. Lies das Interview zweimal.

Frau Dr. Zeyer, viele Jugendliche in meinem Alter wollen gesund leben. Welche guten Tipps können Sie geben?
Also, gesund leben ist eine persönliche Sache. Es gibt sehr viele Tipps, aber eben, nicht alle sind gleich gut.

Dann frage ich einmal anders. Was machen Sie für Ihre Gesundheit?
Nun, ich lege grossen Wert auf eine gesunde Ernährung und auf eine richtige Körperpflege. Und ich achte darauf, dass ich mich genügend bewege.

Wichtig ist also, dass man gesund isst. Ich habe einmal gehört, dass man jeden Tag einen Apfel essen soll. Ist das gesund?
Sicher. Äpfel sind sehr gesund. Aber auch andere Früchte sind gesund.

Stimmt es, dass man viele Vitamine essen soll?
Das ist richtig. Früchte und Gemüse sind gesund, weil sie eben viele Vitamine enthalten.

Man hat mir auch gesagt, dass man viel Wasser trinken soll. Aber ich habe lieber Cola. Was meinen Sie dazu?
Nun, im Allgemeinen sollte man einfach genügend trinken. Viele Leute trinken zu wenig. Cola enthält Koffein und viel Zucker, und das ist eigentlich ungesund.

Was ist sonst noch in der Ernährung wichtig?
Man sollte regelmässig essen. Zu viel Fleisch und zu viel Süsses ist auch ungesund.

Und nun zur Bewegung. Sollte man Ihrer Meinung nach viel Sport treiben?
Sport treiben ist sicher gesund. Wichtig ist allerdings, dass man regelmässig Sport treibt.

Und wenn jemand kein Interesse an Sport hat?
Man kann sich auch ohne Sport genügend bewegen. Zum Beispiel kann man regelmässig spazieren, am besten im Wald. Man kann auch mit dem Velo fahren. Und was viele Leute nicht wissen: Treppen steigen ist gesünder als mit dem Lift fahren.

Sie sagten vorhin, dass eine richtige Körperpflege auch zum gesunden Leben gehört. Was meinen Sie damit?
Mit richtiger Körperpflege meine ich, dass man sich täglich mindestens zweimal die Zähne putzen sollte und dass man sich täglich waschen sollte.

Und was gehört sonst noch zu einer richtigen Körperpflege?
Zur Körperpflege gehört auch, dass man genügend schläft. Für den Rücken ist es wichtig, dass man auf einer guten Matratze schläft und dass man gerade sitzt. Jugendliche haben normalerweise keine Rückenprobleme. Die kommen erst später. Trotzdem sollte man schon früh auf eine richtige Körperhaltung achten und nicht immer mit krummem Rücken sitzen.

Und nun noch eine letzte Frage. Meinen Sie nicht auch, dass der Schulstress krank machen kann?
Das ist sicher so. Jede Form von Stress (Schul- oder Arbeitsstress, Familien- oder Beziehungsprobleme, ein Schock usw.) kann krank machen. Es ist dann sehr wichtig, dass die Ärztin oder der Arzt nicht nur die Krankheit mit Medikamenten heilt, sondern dass man mit der Patientin oder mit dem Patienten auch über die Probleme spricht. Aber das ist nun schon ein anderes Thema.

Ich danke Ihnen sehr für dieses Interview.

2. Du kennst jetzt die Meinung von Frau Dr. Zeyer. Was ist ihrer Meinung nach gesund und was ist ungesund?
Füll die folgende Tabelle aus.

Ernährung	gesund	ungesund
viel Früchte und Gemüse essen	☐	☐
viel Fleisch essen	☐	☐
genügend trinken	☐	☐
nicht frühstücken	☐	☐

Bewegung	gesund	ungesund
regelmässig Sport treiben	☐	☐
den Lift benützen	☐	☐
regelmässig spazieren	☐	☐
mit dem Velo fahren	☐	☐

Körperpflege	gesund	ungesund
regelmässig baden oder duschen	☐	☐
täglich zweimal Zähne putzen	☐	☐
wenig schlafen	☐	☐
gerade sitzen	☐	☐

3. Bearbeite im Grammatik- und Übungsbuch: IV Nebensätze mit «dass», «weil», «wenn», Seite 81.

Das Gebiss

die Schneidezähne

die Eckzähne

die Backenzähne

die Weisheitszähne

das obere Gebiss   das untere Gebiss

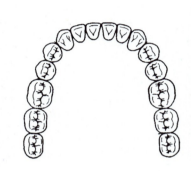

1. Nimm einen Spiegel und schau deine Zähne an. Beantworte die Fragen.

1. Wie viele Zähne hast du?
2. Wie viele Zähne sind gesund?
3. Wie viele Zähne haben eine Füllung?
4. Kreuz an auf den Darstellungen oben:
   – die geflickten Zähne mit Rot,
   – die fehlenden Zähne mit Grün.

2. Schau die Grafik genau an und notier im Text die richtigen Jahreszahlen.

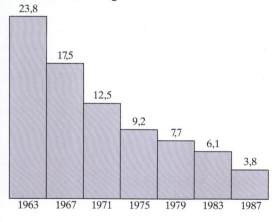

Anzahl Zahnschäden
pro 14-jährige Jugendliche
im Kanton Zürich
in der Zeit von 1963 bis 1987

1963	hatte jede 14-jährige Schülerin und jeder 14-jährige Schüler im Kanton Zürich im Durchschnitt 23,8 Zahnschäden. Mehr als 23-mal hatte der Zahnarzt die Zähne bereits behandelt.
1967	sank die Anzahl der Zahnschäden um 6,3 auf 17,5 pro Schülerin und Schüler.
	waren nur noch 12,5 Zahnschäden pro Schülerin und Schüler festzustellen.
	hatte jede Schülerin und jeder Schüler nur noch einen Drittel der Zahnschäden von 1963.
	waren es fast nur ein Viertel von 1963.
	waren es weniger als 10 Zahnschäden pro Schülerin und Schüler, nämlich genau 9,2.
	waren es weniger als ein Sechstel von 1963.

Was denkst du? Warum haben die Jugendlichen heute weniger Zahnschäden als früher?

Ein Loch im Zahn

1. Schau die Bilder an und lies die Texte. Schreib die neuen Wörter in dein Wörterheft.

Die Entstehung	Löcher entstehen an Stellen, an denen Essensreste zurückbleiben.	Der Zahn wird ausgehöhlt. Du bekommst Zahnweh bei einem süssen, heissen oder kalten Getränk oder Essen.	Der Zahnarzt bohrt und gibt dem Loch die Form für die Füllung.
Der Zahn von oben			
Der Längsschnitt			der Schmelz, das Zahnfleisch, der Nerv, der Knochen, die Wurzel

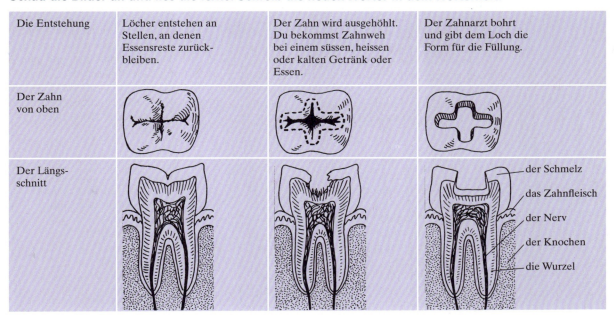

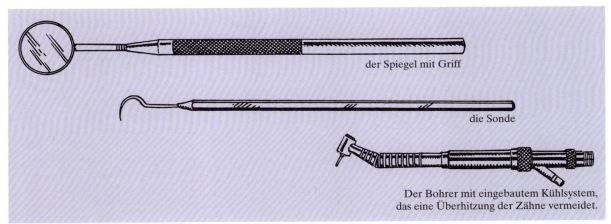

der Spiegel mit Griff

die Sonde

Der Bohrer mit eingebautem Kühlsystem, das eine Überhitzung der Zähne vermeidet.

2. Lies den Text genau. Nimm eine Zahnbürste und putz dir die Zähne so, wie es beschrieben ist.

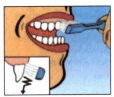 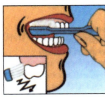 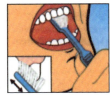  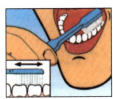

1. Zahnbürste schräg im Winkel von 45 Grad am Zahnfleischrand ansetzen. Mit kurzen Bewegungen bürsten.

2. Die Aussenflächen putzen: schräg am Zahnfleischrand ansetzen und bürsten.

3. Die Innenseite der Vorderzähne: senkrecht ansetzen, auf- und abwärts bewegen.

4. Die Seitenflächen innen: Zahnbürste wieder schräg am Zahnfleischrand ansetzen und bürsten.

5. Die Kauflächen der oberen und unteren Backenzähne: hin- und herfahren.

Beachte: Nach sauren Getränken und Speisen wie zum Beispiel Joghurt, Essiggurken oder Salat soll man mit dem Zähneputzen 20 Minuten warten.

LERNTECHNIK

Wie lernst du am besten?

Wer effizient lernen will, muss seine Lerngewohnheiten kennen. Oder anders gesagt: Wenn du genau weisst, wie du etwas am besten lernst und wie du deine Lerntechniken verbessern kannst, dann verlierst du keine Zeit mit unnötigen Übungen. Mit diesem Fragebogen kannst du herausfinden, wie du lernst. Füll den Fragebogen aus.

Überleg gut, bevor du eine Antwort gibst. Vergleich deine Antworten mit den Antworten deiner Kolleginnen und Kollegen. Lernen alle in der Klasse gleich?
Beachte: Es gibt keine richtigen oder falschen Antworten. Diskutiert in der Klasse die verschiedenen Antworten.

1. Wann lernst du gut? Wann lernst du schlecht?   gut   schlecht
   1. Wenn mich jemand korrigiert. ☐ ☐
   2. Wenn ich meine Phantasie benützen kann. ☐ ☐
   3. Wenn ich allein und ungestört bin. ☐ ☐
   4. Wenn ich beim Lernen Musik höre. ☐ ☐
   5. Wenn jemand mir etwas erklärt. ☐ ☐

2. Ich verstehe geschriebene Texte,   gut   schlecht
   1. wenn ich den Text einmal alleine durchlesen kann. ☐ ☐
   2. wenn jemand den Text vorliest. ☐ ☐
   3. wenn der Text interessant ist. ☐ ☐
   4. wenn es Bilder zum Text hat. ☐ ☐
   5. wenn ich den Text laut vorlesen kann. ☐ ☐

3. Ich lerne Wörter,   gut   schlecht
   1. wenn ich die Wörter fünfmal schreibe. ☐ ☐
   2. wenn ich die Wörter in einem Gespräch höre. ☐ ☐
   3. wenn ich die Wörter auf ein grosses Blatt schreibe und aufhänge. ☐ ☐
   4. wenn ich die Wörter benütze (schriftlich oder mündlich). ☐ ☐
   5. wenn mich jemand die Wörter abfragt. ☐ ☐

4. Ich lerne Grammatik,   gut   schlecht
   1. wenn ich die Regel benützen kann. ☐ ☐
   2. wenn ich eine Regel oder eine Tabelle auf ein grosses Blatt schreibe und aufhänge. ☐ ☐
   3. wenn ich für eine Prüfung lernen muss. ☐ ☐
   4. wenn jemand meine Grammatikfehler korrigiert. ☐ ☐
   5. wenn mich jemand die Regeln und Tabellen abfragt. ☐ ☐

5. Schreib einen kleinen Text über dein Lernverhalten.
   Wo lernst du am besten? Wann? Wie? Was stört dich beim Lernen?
   Was machst du gern? Was nicht? Was möchtest du mehr machen? Was weniger?
   Du kannst auch die Sätze in den Tabellen benützen.

RÜCKBLICK

Schau auf Seite 84.

Wie viele Themen hat die Einheit?

Zeichne die Gesichtchen: ☺ = gut   😐 = es geht   ☹ = schlecht

Zum Fragebogen «Wie lernst du am besten»:

Ich finde den Fragebogen nützlich.   ☐ ja   ☐ nein

Ich möchte mein Lernen weiter verbessern.   ☐ ja   ☐ nein

AUSSPRACHE

k • g • k • g • k • g • k • g • k • g

1. Hör bitte zu und sprich die Wörter nach.

der Kopf	der Rücken	krank	ganz
das Kind	das Gepäck	denken	trinken
der Kindergarten	der Rucksack	schenken	bringen
die Krankheit	die Glocke		

2. Welches Wort hörst du? Kreuz an.

- ☐ Kabel ☐ Gabel   ☐ Klang ☐ Gang
- ☐ Garten ☐ Karten   ☐ kaum   ☐ Gaumen
- ☐ Gasse ☐ Kasse   ☐ klar   ☐ gar

d • t • d • t • d • t • d • t • d • t

1. Hör bitte zu und sprich die Wörter nach.

der Tag	die Torte	testen	traurig
die Tante	der Topf	total	turnen
der Tee	der Test		

2. Welches Wort hörst du? Kreuz an.

- ☐ danken   ☐ tanken
- ☐ dir   ☐ Tier
- ☐ Tochter ☐ doch
- ☐ Ton   ☐ Dom
- ☐ Torf   ☐ Dorf
- ☐ Dante   ☐ Tante

Beachte: /t/ sprechen wir mit einem h aus.

z • ts • z • ts • z • ts • z • ts • z • ts

1. Hör bitte zu und sprich die Wörter nach.

die Zeit	zählen	der Arzt	nichts
die Zeitung	tanzen	aufwärts	stets
zweiundzwanzig	trotzdem	rechts	bereits
		nachts	abseits

2. Welches Wort hörst du? Kreuz an.

- ☐ Zahl   ☐ Saal
- ☐ zehn   ☐ sehn
- ☐ nicht   ☐ nichts
- ☐ nachts ☐ Nacht
- ☐ seit   ☐ Zeit
- ☐ Zoo   ☐ so
- ☐ Ziegen ☐ siegen

Beachte: /z/ und /ts/ sprechen wir gleich aus.

Einheit 7

Seite 100 Schulfrei – Freizeit
102 Freizeit hier – Freizeit dort
103 Treffs und Cliquen
104 Berufsbild: Elektromonteur / Elektromonteurin
105 Mein Sport: Basketball
106 Ferienjobs
108 Sammeln
109 Lerntechnik: Kategorien bilden; Assoziogramme erstellen
110 Ein Liebespaar
111 Aussprache: /w/ - /b/; /r/

Das kann ich …

- Ich kann meine Freizeitaktivitäten beschreiben.
- Ich kann einen Ferienjob suchen.
- Ich kann Wörter in Kategorien ordnen.
- Ich kann zu einem Wort ein Assoziogramm erstellen.

Das verstehe ich …

- Ich verstehe das Interview mit Sascha.
- Ich verstehe die Texte über Basketball und Sammeln.
- Ich verstehe die Liebesgeschichte.

Das kenne ich …

- Ich kenne mindestens sechs Freizeitaktivitäten.
- Ich kenne meinen Wohnort.
- Ich kenne die Veranstaltungen für Jugendliche an meinem Wohnort.
- Ich kenne die Sportclubs an meinem Wohnort.

Schulfrei – Freizeit

1. Schau die Fotos an und lies die Texte. Ordne das passende Foto den Texten zu.

Wenn ich frei habe, langweile ich mich meistens. Ich weiss einfach nicht, was ich tun soll. Dann setze ich mich vor den Fernseher und schaue irgendetwas. Foto Nr.

Mein Hobby ist Sand sammeln. Ich finde das sehr interessant. Foto Nr.

In meinen Ferien arbeite ich meistens. So verdiene ich mein Taschengeld. Foto Nr.

Immer wenn wir frei haben, gehen wir zusammen spazieren. Wir sprechen dann sehr viel zusammen. Foto Nr.

Ich treffe fast jeden Tag meine Clique. Meistens sitzen wir nur zusammen und sprechen miteinander. Manchmal spielen wir auch Billard oder Tischfussball. Foto Nr.

Seit drei Jahren spiele ich in einem Club Basketball. Das gefällt mir sehr. Die Stimmung im Team ist sehr gut, und der Trainer macht uns immer Mut vor den wichtigen Spielen. Foto Nr.

Nach dem Unterricht und in den Ferien habe ich nicht immer frei. Ich muss dann die Schülerarbeiten korrigieren oder den Unterricht vorbereiten oder neue Lehrmittel studieren. Schulfrei heisst für mich noch lange nicht Freizeit. Foto Nr.

Skateboard ist für mich das Grösste. Dann fühle ich mich wirklich frei. Foto Nr.

Im Sommer fahre ich gerne Skateboard. Aber viel lieber fahre ich im Winter mit meinem Snowboard die weissen Hänge hinunter. Die hohen Sprünge – das ist das Schönste. Foto Nr.

hunderteins

Freizeit hier – Freizeit dort

△ Erkan

Freizeit hier
Wenn ich frei habe, telefoniere ich meinem Freund. Er kommt dann zu mir nach Hause. Manchmal gehe ich zu ihm. Wir gehen dann zum Beispiel ins Kino. Wenn ich alleine zu Hause bin, lese ich gern ein Buch.

Freizeit dort
In der Türkei hatte ich fast keine Freizeit. Meine Eltern hatten einen kleinen Laden, und ich musste immer bei der Arbeit helfen. Wenn ich einmal frei hatte, ging ich meistens spazieren, oder ich plauderte mit meinen Freunden auf der Strasse.

△ Hüseyn

Freizeit hier
Ich habe am Mittwoch- und am Samstagnachmittag frei. Oft bin ich alleine. Ich weiss dann nicht, was ich machen soll. Manchmal gehe ich auf den Spielplatz. Zuhause langweile ich mich, weil ich dort nur fernsehen kann. Dann wäre ich lieber länger in der Schule geblieben. In der Schule geht die Zeit immer viel schneller vorbei.

Freizeit dort
In der Türkei hatten wir nur am Vormittag Schule. Am Nachmittag ging ich in den Spielsalon. Ich war auch in einem Sportclub. Dort trainierte ich zweimal in der Woche. Die Freizeit gefiel mir in der Türkei besser als hier.

△ Suzi

Freizeit hier
Wenn ich einen freien Nachmittag habe, bummle ich mit meiner Freundin Pati durch die Stadt. Wenn es uns langweilig ist, sehen wir uns die Läden an. Da sehen wir, was gerade Mode ist. Dann gehen wir nach Hause, trinken Kaffee und reden. So vergeht die Zeit schnell.

Freizeit dort
Meine Eltern liessen mir in Jugoslawien mehr Freiheit als hier. Im Sommer gingen wir an den See ins Freibad. Am Abend ging ich mit Freunden spazieren. Manchmal ging ich auch in die Disco.

1. **Such in deinem Wörterbuch die folgenden Ausdrücke und schreib sie in dein Wörterheft.**

   sich langweilen   Ich langweile mich.   langweilig   Mir ist langweilig.   Die Übung ist langweilig.

2. **Kennst du andere Ausdrücke auf Deutsch für «Mir ist langweilig»?**
   Wenn nicht, frag deine Kolleginnen und Kollegen und schreib sie auf.

3. **Was bedeuten die folgenden Verben? Schreib die Verben in dein Wörterheft.**

   | rennen | laufen | gehen | spazieren | bummeln |
   | sprechen | reden | diskutieren | plaudern | schwatzen |

4. **Bearbeite im Grammatik- und Übungsbuch:**
   Lerntechnik: Satzbaumodell, Seite 85.

5. **Schreib selber einen Text «Freizeit hier – Freizeit dort».**
   Du kannst Ausdrücke und Sätze aus den drei Texten oben benützen.

Treffs und Cliquen

1. Eine Journalistin befragt Sascha zum Thema «Treffs und Cliquen». Hör das Interview.

2. Hör den Text noch einmal und beantworte die Fragen.
1. Welches Thema interessiert die Journalistin?
2. Wo gab es immer wieder Probleme?
3. Wo traf sich Sascha früher mit seinen Kolleginnen und Kollegen?
4. Was spielten sie zusammen?
5. Treffen sich die Jugendlichen immer noch dort?
6. Was machen die Jugendlichen im Jugendtreff?
7. Sind in Saschas Clique nur Jungen?
8. Gibt es in Saschas Clique Ausländerinnen und Ausländer?
9. Gibt es in Saschas Clique Probleme mit Drogen?
10. Trifft Sascha die Leute aus der Clique regelmässig?

△ Das ist Sascha.
Er ist 17 Jahre alt und macht eine Lehre als Elektromonteur.

3. Und wie ist es bei dir? Mach dir Notizen zu den folgenden Fragen.
Wo treffen sich Jugendliche in deiner Gemeinde oder in deinem Quartier? Gibt es bei euch Cliquen, wie Sascha sie beschreibt? Wie viele Cliquen kennst du? Bist du auch in einer Clique?

4. Diskutiert die folgende Äusserung von Sascha.
Sascha sagt: «Wir wollen nicht, dass in der Clique Drogen wie zum Beispiel Heroin konsumiert werden. Wenn jemand solche Drogen nimmt, soll er das anderswo tun. Er kann dann in die Clique kommen, wenn er nichts genommen hat. Wenn die Leute ‹zu› sind, das heisst eben Drogen genommen haben, ist es nicht spannend, mit ihnen zusammen zu sein.» Was meint ihr dazu?

5. Bearbeite im Grammatik- und Übungsbuch: I Nomen im Genitiv, Seite 86; II Nomen mit n-Deklination, Seite 89.

PROJEKT

Drogen

Das Drogenproblem ist ein schwieriges Problem unserer Zeit. Ein wichtiger Punkt in der Drogenprävention ist, dass alle sehr gut informiert sind. Mit diesem Projekt könnt ihr dazu beitragen, alle Schülerinnen und Schüler im Schulhaus besser zu informieren.

1. Diskutiert die folgenden Fragen in der Klasse. Was wisst ihr über Drogen? Welche Drogen kennt ihr? Gibt es an deiner Schule Informationen zum Thema «Drogen»?

2. Besorgt weitere Informationen zum Thema bei: Schweizerische Fachstelle für Alkohol- und andere Drogenprobleme SFA, Avenue Ruchonnet 14, Postfach 870, 1001 Lausanne Telefon für Bestellungen 021/23 34 23

3. Entscheidet, wie ihr die Informationen im Schulhaus weitergeben könnt (z.B. mit einem Aushang, mit einer Broschüre oder mit Diskussionsrunden). Überlegt auch, wozu ihr die Informationen weitergeben wollt. Schreibt eure Entscheidungen auf: *Wir machen ein … Wir wollen, dass …*

4. Überlegt, was ihr für euer Projekt braucht.

5. Macht einen Arbeitsplan. Zum Beispiel so:

Wer?	Was?	Mit welchen Materialien?	Wann ist die Arbeit fertig?

6. Während der Arbeit müsst ihr den Arbeitsplan immer wieder überprüfen und eventuell abändern.

7. Diskutiert am Ende des Projekts folgende Fragen:
– Was haben wir gut gemacht? Was nicht?
– Was haben wir gut geplant? Was haben wir vergessen?
– Was würden wir wieder gleich machen? Was würden wir anders machen?
– Was haben wir mit diesem Projekt gelernt?

Berufsbild: Elektromonteur / Elektromonteurin

Berufsbeschreibung

Elektromonteurinnen und Elektromonteure erstellen das elektrische Leitungsnetz in Neubauten und Umbauten für Wohnungen und für Landwirtschafts- und Industriegebäude.

- Sie schliessen Geräte und Apparate an.
- In der Werkstatt bereiten sie die Geräte und Kabel für den späteren Einbau vor.
- Sie kontrollieren, ob die Geräte richtig funktionieren.
- Sie finden Störungen und beseitigen sie.
- Sie reparieren und warten Anlagen.

Berufsanforderungen

- gute Gesundheit und Beweglichkeit
- Freude an technischen Problemen
- Geschicklichkeit
- Selbstständigkeit
- Freude am Wechsel von Arbeitsplatz und Tätigkeiten.

Vorbildung/Aufnahmebedingungen

- abgeschlossene Volksschule
- gute Leistungen in Geometrie, Mathematik und Physik
- In einzelnen Regionen muss man einen Schnuppercheck ablegen.

Berufsausbildung

- Dauer der Lehre: 4 Jahre
- praktische Ausbildung in einer Elektroinstallationsfirma oder in der Industrie
- theoretische Ausbildung an der Berufsschule (1 Tag pro Woche)
- Nach der bestandenen Lehrabschlussprüfung erhält man das eidgenössische Fähigkeitszeugnis «Gelernte Elektromonteurin/gelernter Elektromonteur»

Weiterbildung/Spezialisierung/Aufstieg

Nach mehrjähriger Berufspraxis und Berufsprüfungen gibt es viele verschiedene Weiterbildungsmöglichkeiten bis hin zum Besuch von Fachhochschulen.

Arbeits- und Berufsverhältnisse

- Anstellungsmöglichkeiten in Elektroinstallationsfirmen, in der Industrie, in Elektrizitätswerken
- Je nach Arbeitsort muss man auch Nacht-, Wochenend- oder Pikettdienst leisten.

Verwandte Berufe

- Montage-Elektrikerin/Montage-Elektriker
- Netzelektrikerin/Netzelektriker
- Elektronikerin/Elektroniker
- Elektrozeichnerin/Elektrozeichner

Weitere Informationen

Verband Schweizerischer
Elektroinstallationsfirmen VSEI
Limmatstrasse 63
Postfach 2328
8031 Zürich
Telefon 044/444 17 17
Telefax 044/444 17 18
Homepage: www.vsei.ch

1. Lies das Berufsbild der Elektromonteurin/des Elektromonteurs.

2. Überleg: Welcher Kollegin oder Kollegen könntest du diesen Beruf empfehlen? Warum?

3. Welche Berufe interessieren dich? Frag deine Lehrerin oder deinen Lehrer nach Berufsbildern oder hol sie im Berufsinformationszemtrum (BIZ).

Mein Sport: Basketball

Das ist Hekima beim Training. Sie ist 15 Jahre alt und spielt seit drei Jahren Basketball. Im Herbst wird sie mit ihrem Team
5 an der kantonalen Meisterschaft teilnehmen.

Sie trainiert in einem Club und muss einen Mitgliederbeitrag bezahlen. «Dafür ist die
10 Ausrüstung nicht teuer», sagt Hekima, «ein T-Shirt, eine Turnhose und hohe Turnschuhe hat man ja sowieso.» Beim Basketball ist es wichtig, dass das Team sich gut versteht. Hekima meint: «Mit einem
15 Mädchen, das ich nicht kenne, kann ich nicht gut zusammenspielen. Ich weiss ja nicht, wie sie reagieren wird, wenn ich ihr einen Pass gebe. Wir müssen miteinander auch persönlich gut auskommen. Wir verbringen ja viel Zeit zusammen beim Training.»

20 Und das Verhältnis zum Trainer? «Ein Trainer muss streng sein. Aber er muss seinem Team auch Mut machen können. Das ist besonders wichtig, wenn wir uns auf einen Match vorbereiten», sagt Hekima. «In den Herbstferien werden wir zusammen in ein Trainingslager gehen. Da wird der Trainer uns auf die Meisterschaft vorbereiten.»

1. Welcher Ausdruck passt? Setz die Ausdrücke von unten ein.

1. Fünf Spielerinnen und / oder Spieler bilden zusammen ein _____.
2. Verschiedene Teams aus dem ganzen Kanton spielen an der kantonalen _____ gegeneinander.
3. Eine Spielerin wirft den Ball einer anderen Spielerin zu. Das nennt man «_____».
4. Beim Skisport ist die _____ teuer. Man braucht Skier, Skischuhe und warme Winterkleider. Beim Basketball ist die _____ billig. Man braucht nur ein T-Shirt, eine Turnhose und hohe Turnschuhe.
5. Vor einem wichtigen Spiel sagt der Trainer zu seinen Spielerinnen, dass sie gut spielen werden. Er wünscht seinem Team alles Gute. Er will dem Team _____.

Ausrüstung / einen Pass geben / Team / Mut machen / Meisterschaft / Ausrüstung

2. Wähl eine Sportart, die dich interessiert. Such die Adresse, wo du Informationen über die gewählte Sportart bekommst, oder frag eine Kollegin oder einen Kollegen.

Beantworte die folgenden Fragen.
– Wo und wann ist das Training?
– Welche Ausrüstung braucht es?
– Wie hoch ist der Mitgliederbeitrag?
– Kannst du zuerst ein paarmal gratis mitmachen?

3. Bearbeite im Grammatik- und Übungsbuch: III Verben im Futur, Seite 90.

Ferienjobs

1. Lies das Interview mit Yann zweimal. Benütz kein Wörterbuch.

Yann ist 16 ½ Jahre alt. Er besucht die 3. Klasse der Sekundarschule. In den Ferien jobbt er, um Geld zu verdienen.

Yann, warum arbeitest du in den Ferien?
Ich habe schon mehrere Male in den Ferien gejobbt. Ich wollte Geld verdienen für ein Velo und für eine Stereoanlage, also für Dinge, die mir meine Mutter nicht kaufen will.

Wie hast du deinen Job gefunden?
Es gibt verschiedene Möglichkeiten, einen Ferienjob zu suchen. Ich finde es gut, sich bei mehreren Stellenvermittlungsbüros zu melden. Ich habe auch Kolleginnen und Kollegen, die sich direkt bei verschiedenen Firmen bewerben. Sie melden sich zum Beispiel beim Personalbüro eines Supermarkts.

Wie läuft es, wenn du dich auf einem Stellenvermittlungsbüro meldest?
Das Stellenvermittlungsbüro braucht natürlich Informationen über die Person, die sich bewirbt. Ich musste immer viele Fragen beantworten. Die fragen dann zum Beispiel: Wie alt sind Sie? Welche Schule besuchen Sie? Welche Arbeiten interessieren Sie? Wie ist Ihr Gesundheitszustand? Und so weiter.

Wann hast du zum ersten Mal gejobbt?
Das erste Mal war ich 14, als ich einen Job suchte. Da habe ich erfahren, dass die Stellenvermittlung erst Jugendliche ab 15 akzeptiert.

Hast du gute Erfahrungen gemacht mit den Stellenvermittlungsbüros?
Eigentlich schon. Aber man muss sich schon ein bisschen bemühen, damit man einen Job bekommt. Wenn man sich angemeldet hat, kann man nicht einfach nach Hause gehen und warten. Es ist gut, immer wieder im Stellenvermittlungsbüro nachzufragen. Die denken sonst, dass man gar nicht mehr interessiert ist.

Muss man auf etwas Besonderes achten?
Man muss den Vertrag mit dem Stellenvermittlungsbüro gut durchlesen, bevor man unterschreibt. Es ist wichtig, genaue Abmachungen zu treffen.

Wie meinst du das?
Zum Beispiel ist es wichtig, mit dem Arbeitgeber die Arbeitszeiten im Voraus genau abzumachen. Gerade bei Putzinstituten muss man oft am Abend oder am Wochenende arbeiten.

Was für Arbeiten hast du schon gemacht?
Man muss unterschiedliche Arbeiten annehmen. Wenn ein Jugendlicher sagt, dass er nur im Büro arbeiten will, hat er wenig Chancen. Es ist wichtig, flexibel zu sein. Ich habe ganz verschiedene Jobs gehabt. Ich habe in einem Restaurant abgewaschen. Natürlich habe ich nicht nur Teller gewaschen. Ich musste auch jeden Abend aufräumen helfen und den Grill putzen. Das ist eine mühsame Arbeit. Das Fett, das den ganzen Tag auf den Grill getropft ist, bringt man fast nicht weg.

Was hast du sonst noch gearbeitet?
Ich habe bei einer Kanalisationsreinigungsfirma gearbeitet. Da war eine Abwasserleitung kaputt, und wir mussten in der Kanalisation den Schlamm abpumpen. Das hat ziemlich gestunken. Einmal habe ich bei einer Computerfirma Stecker montiert. Als ich einen Job bei einem Putzinstitut hatte, mussten wir in einer japanischen Bank den Computerraum reinigen. Da habe ich jeweils am Wochenende gearbeitet, denn wir konnten erst beginnen, wenn die Bank geschlossen war.

Welchen Tipp würdest du jungen Leuten geben, die einen Ferienjob suchen?
Ich würde nie einen Job annehmen, bei dem ich im Voraus weiss, dass er mir überhaupt nicht gefällt. Es ist schrecklich, Stunden und Minuten zu zählen, bis die Arbeitszeit abgelaufen ist.

Haben dir deine Ferienjobs auch etwas anderes gebracht als Geld?
Ich habe mit meinen Ferienjobs nicht nur Geld verdient, ich habe auch viel gelernt. Ich finde es gut für Jugendliche, verschiedene Berufe kennen zu lernen. Ich überlege mir jedesmal, ob ich eine Arbeit auch längere Zeit machen könnte. Die Leute, mit denen ich zusammenarbeite, machen diese Arbeit ja meistens jahrelang. Das ist etwas ganz anderes als zwei Wochen Ferienjob.

2. Schreib Sätze.

Yann sagt: «Ich finde es gut,	verschiedene Arbeiten anzunehmen.»
Yann sagt: «Es ist gut,	sich bei mehreren Stellenvermittlungsbüros zu melden.»
Yann sagt: «Ich finde es wichtig,	die Arbeitszeit genau abzumachen.»
Yann sagt: «Es ist wichtig,	den Vertrag genau zu lesen.»
	genaue Abmachungen zu treffen.»
	verschiedene Berufe kennen zu lernen.»
	flexibel zu sein.»
	immer wieder im Stellenvermittlungsbüro nachzufragen.»

3. Lies den Text noch einmal und beantworte die Fragen.
1. Wie alt ist Yann?
2. Warum hat er in den Ferien gejobbt?
3. Wie hat er seine Jobs gefunden?
4. Was gibt es für andere Möglichkeiten, einen Job zu finden?
5. Yann erzählt von vier verschiedenen Jobs. In welchen Firmen hat er gearbeitet?
6. Welche Arbeiten waren unangenehm?
7. Welchen Tipp gibt Yann Leuten, die einen Ferienjob suchen?
8. Was findet Yann gut an Ferienjobs?

4. Du meldest dich in einem Stellenvermittlungsbüro an.
Beantworte die folgenden Fragen.

| Wie alt sind Sie? |
| Welche Schule besuchen Sie? |
| Sind Sie Schweizer? |
| Wenn Sie Ausländer sind, welche Aufenthaltsbewilligung haben Sie? |
| Welche Sprachen sprechen Sie? |
| Welche Arbeiten interessieren Sie? |
| Können Sie auch am Wochenende arbeiten? |
| Wie ist Ihr Gesundheitszustand? |
| Haben Sie Allergien? |
| Wie gross sind Sie? |
| Wie schwer sind Sie? |

5. Hast du auch schon in deiner schulfreien Zeit gejobbt?
Wenn ja, schreib einen kleinen Bericht.
Wann hast du das letzte Mal gejobbt?
Was hast du genau gearbeitet?
Wie hast du den Job gefunden?
Wie viele Tage oder Wochen hast du gearbeitet? Wie war deine Arbeitszeit?
Hat es dir gefallen oder nicht? Warum? Wie viel hast du verdient?
Was hast du mit dem Geld gemacht?

6. Hast du noch nie gejobbt? Schreib auf, warum du noch nie gejobbt hast.

7. Bearbeite im Grammatik- und Übungsbuch: IV Nebensätze: Infinitivsatz, Seite 91.

Sammeln

1. Lies den Text und schreib die neuen Wörter in dein Wörterheft.

Als Kind fing Claudia an, Sand zu sammeln. Zuerst sammelte sie nur Sand, den sie selber gefunden hatte. Später bat sie Freundinnen und Freunde, Verwandte und Bekannte, ihr aus den Ferien Sand mitzubringen. Heute hat sie 240 Sorten Sand aus allen Kontinenten.

Wenn Claudia neuen Sand bekommen hat, trocknet sie ihn. Dann füllt sie ihn in kleine Fläschchen ab. Unten auf die Fläschchen klebt sie eine Nummer, die sie in eine Liste einträgt. Auf der Liste steht, woher der Sand kommt und in welchem Jahr Claudia ihn bekommen hat. Wie ist Claudia auf die Idee gekommen, Sand zu sammeln?

Als Kind war Claudia gern am Strand. Beim Spielen füllte sie einmal Sand in eine Flasche, die am Strand lag. Durch das Glas schaute sie die Sandkörner an. Auf einmal sah sie die vielen verschiedenen Farben. Sie bemerkte, dass Sand nicht einfach grau oder hellbraun ist. Sand kann viele verschiedene, wunderschöne Farben haben.

2. Viele Leute sammeln etwas. Hier siehst du zwei weitere Sammlungen. Erfinde zu einem Bild einen kleinen Kommentar oder eine Geschichte.

△ Daniel sammelt leere Getränkedosen, die er wäscht und in seinem Bücherregal aufstellt.

▷ Roland sammelt Schlüsselanhänger, die er in seinem Zimmer an ein Brett hängt.

3. Sammelst du auch etwas? Oder kennst du jemanden, der etwas sammelt? Bring die Sammlung in die Schule, damit ihr sie zusammen anschauen könnt.

4. Bearbeite im Grammatik- und Übungsbuch:
V Nebensätze: Relativsatz, Seite 94.

LERNTECHNIK

Für viele Schülerinnen und Schüler ist es schwierig, so viele neue Wörter zu lernen und zu behalten. Hier lernst du zwei Techniken kennen, mit denen du viele Wörter lernen kannst. Welche Technik gefällt dir besser?

Kategorien bilden

1. Mit Wörtern, die man lernen muss, kann man Kategorien bilden. Ordne die folgenden Aktivitäten in drei Kategorien.

Zimmer aufräumen	Hausaufgaben machen	fernsehen	Velo putzen
kochen	spazieren gehen	einkaufen	Rechenaufgaben lösen
Sport treiben	Geschirr abwaschen	spielen	Übungen machen
Wörter lernen	Prüfungen vorbereiten	Velo fahren	

1. Schularbeit
Prüfungen vorbereiten

2. Hausarbeit
kochen

3. Freizeitaktivität
Velo fahren

2. Ordne die Sportarten in die folgenden vier Kategorien.

1. mit Ball **2. mit Fahrzeug** **3. nur mit Körper** **4. andere**

Basketball	Ski	Stabhochsprung	Tauchen	Rudern	Bob
Motocross	Judo	Fussball	Wasserball	Fechten	Radfahren
Formel 1	Tennis	Eishockey	Marathonlauf	Volleyball	Segeln
Weitsprung	Schwimmen	Schwingen	Tischtennis	Gymnastik	Kanu

Assoziogramme erstellen

Wenn ein Mensch ein Wort hört wie z.B. «Fussball», dann kommen ihm automatisch viele andere Wörter in den Sinn, wie z.B. «Fussballstadion» oder «Goal» oder der Name einer Mannschaft. Das nennt man assoziieren.
Schau das folgende Bild an und trage weitere Wörter ein.

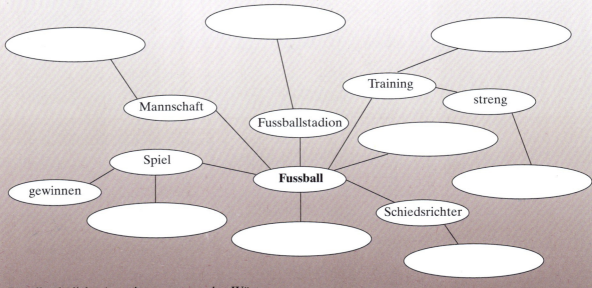

Erstelle ähnliche Assoziogramme zu den Wörtern:

schwimmen, Schule, Freundin / Freund.

Vergleiche deine Assoziogramme mit denjenigen deiner Kolleginnen und Kollegen.

Ein Liebespaar

△ Manuela und Jonas lernen sich am ersten Schultag in der neuen Schule kennen. Sie gehen in die gleiche Klasse. Sie sind sehr verschieden, aber sie mögen sich sofort.

△ Am zweiten Schultag sprechen sie zusammen über die neue Schule, die neue Klasse, die neuen Lehrerinnen und Lehrer. Sie treffen sich von jetzt an in jeder Pause.

△ Zwei Wochen später fragt Manuela Jonas, ob sie zusammen ins Kino gehen. Jonas ist einverstanden. Beide können kaum auf die erste Verabredung warten. Sie sind aufgeregt und freuen sich.

◁ Der Film gefällt beiden. Aber sie können sich nicht so richtig darauf konzentrieren. Sie sitzen so nahe nebeneinander. Nach dem Film küssen sie sich zum ersten Mal.

▷ Am andern Tag schreibt Jonas seinen ersten Liebesbrief.

RÜCKBLICK

Schau auf Seite 100.

Zeichne die Gesichtchen: ☺ = gut 😐 = es geht ☹ = schlecht

Welcher Text hat dir am besten gefallen?

Notier den Titel: _____

Hast du mit dieser Einheit eine neue Freizeitaktivität entdeckt?

Wenn ja, notier welche: _____

AUSSPRACHE

w • b • w • b • w • b • w • b • w • b

1. Hör zu und sprich die Wörter nach.

Bach	wach		Bohnen	wohnen		Bar	war
Ball	Wall		Beil	weil		Besen	Wesen
beide	Weide		Bucht	Wucht		Bein	Wein
Bände	Wände		Bürste	Würste		Bund	wund
Bann	wann		Bier	wir		Berg	Werk
Bild	Wild		bieder	wieder		Band	Wand
Bär	wer		Betten	wetten			

2. Wähl fünf Wortpaare aus Übung 1 und übersetz sie in deine Muttersprache.

3. Hör zu und sprich die Sätze nach.

Wir trinken kein Bier.
Warum wollt ihr kein Bier?
Wir mögen Bier nicht.

Sie spielt mit dem Ball.
Sie wirft den Ball an die Wand.
Wer wohnt hinter der Wand?

4. In welchem Wort hörst du das /w/? Im 1. Wort oder im 2. Wort? Kreuz an.

	1. Wort	2. Wort		1. Wort	2. Wort		1. Wort	2. Wort
1.	☐	☐	3.	☐	☐	5.	☐	☐
2.	☐	☐	4.	☐	☐	6.	☐	☐

r • r • r • r • r • r • r • r • r • r

1. Hör zu und sprich die Wörter nach.

Hose	Rose	Dose		Saum	Raum	kaum
Hasen	Rasen	Basen		Wiese	Riese	miese
Hast	Rast	Gast		Linde	Rinde	Binde
Haus	raus	Maus		bitter	Ritter	Zitter
Haar	rar	gar		Igel	Riegel	Ziegel

2. Hör zu und sprich die Sätze nach.

Herr Rot züchtet rote Rosen.
Diese roten Rosen sind rar.
Warum züchtet er nur rote Rosen?

Rosmarie fährt super Rollbrett.
Roland rennt ihr hinterher.
Rosmarie rollt mit ihrem Rollbrett davon.

3. Hör das Lied und sing mit.

Roti Rösli im Garte
Maierisli im Wald
Wenn de Wind chunt cho blase
Dänn verwelked si bald

Einheit 8

Tina und Samir – 1. Folge

Seite 112	Tina und Samir –	1. Folge
114	Tina und Samir –	2. Folge
115	Tina und Samir –	3. Folge
116	Tina und Samir –	4. Folge
117	Tina und Samir –	5. Folge
118	Tina und Samir –	6. Folge
119	Tina und Samir –	7. Folge
120	Tina und Samir –	8. Folge
121	Tina und Samir –	9. Folge
122	Tina und Samir –	10. Folge
123	Ein Comic – verschiedene Geschichten	
124	Wie könnte es weitergehen?	

Tina und Samir werden ein Paar.
Wie könnte die Geschichte weitergehen?
– Tina und Samir bleiben zusammen.
  Lies weiter auf Seite 114, 2. Folge.
– Tina und Samir bleiben nicht zusammen.
  Lies weiter auf Seite 115, 3. Folge.

8
Tina und Samir – 2. Folge

Tina und Samir – 3. Folge

Für beide ist die Trennung hart. Lies weiter auf Seite 117, 5. Folge.

Tina und Samir – 4. Folge

Tina und Samir – 5. Folge

An einem Abend im September sind Tina und Samir, ohne es zu wissen, in der gleichen Stadt am Meer. Wie könnte die Geschichte weitergehen?
- Tina und Samir treffen sich in einer Bar.
  Lies weiter auf Seite 120, 8. Folge.
- Tina und Samir treffen sich nicht.
  Lies weiter auf Seite 121, 9. Folge.

Tina und Samir – 6. Folge

Tina und Samir geniessen die Abende, wenn die Kinder endlich im Bett sind. Lies weiter auf Seite 122, 10. Folge.

Tina und Samir – 7. Folge

Wenn Tina und Samir keinen Besuch haben, geniessen sie gern einen Abend zu zweit in ihrem Haus. Lies weiter auf Seite 122, 10. Folge.

8 Tina und Samir – 8. Folge

Lies weiter auf Seite 122, 10. Folge.

Tina und Samir – 9. Folge

Lies weiter auf Seite 122, 10. Folge.

8 Tina und Samir – 10. Folge

Ein Comic – verschiedene Geschichten

1. Du hast eine Geschichte über Tina und Samir gelesen.
   Verbinde im Schema die Folgen, die du gelesen hast.

```
                    1. Folge
        2. Folge              3. Folge
        4. Folge              5. Folge
   6. Folge   7. Folge   8. Folge   9. Folge
                   10. Folge
```

2. Zeichne das Schema vergrössert auf ein Blatt.
   Was ist in den Folgen passiert, die du gelesen hast?
   Schreib eine Zusammenfassung und trag sie ein.

   Beispiel:

   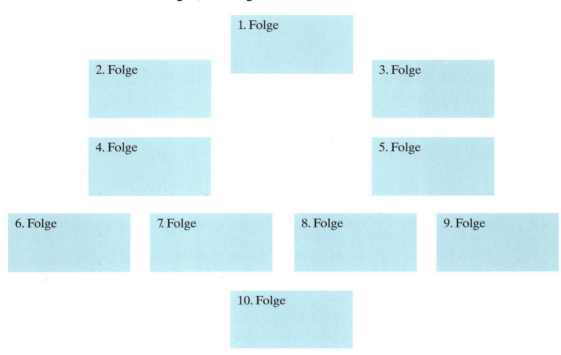

   1. Folge
   Tina und Samir lernen sich bei einem Picknick am See kennen. Sie treffen sich wieder und verlieben sich.

3. Beginn nochmals bei der ersten Folge und lies eine andere mögliche Geschichte.
   Zeichne nachher auch diesen Weg im Schema ein.

4. Wie viele Geschichten findest du? Zeichne alle Möglichkeiten im Schema ein.

5. Wie könnte die Geschichte weitergehen? Schreib eine Fortsetzung.

6. Bearbeite im Grammatik- und Übungsbuch: I Verben im Konjunktiv II, Seite 97;
   II Wunschsatz und irrealer Bedingungssatz als Nebensatz, Seite 99.

Wie könnte es weitergehen?

1. Was stimmt für dich? Kreuz an.

Ich lerne weiter Deutsch,

	ja	nein
1. weil ich eine Berufslehre machen will.	☐	☐
2. weil ich in eine höhere Schulstufe übertreten will.	☐	☐
3. weil es mir Spass macht.	☐	☐
4. weil es meine Eltern gesagt haben.	☐	☐
5. weil ich weiter studieren will.	☐	☐
6. weil ich mit guten Deutschkenntnissen in meinem Heimatland bessere Arbeitsmöglichkeiten habe.	☐	☐

2. Was trifft für dich zu? Kreuz an.

	ja	nein
1. Ich kann meine Lehrerin bzw. meinen Lehrer gut verstehen, wenn sie bzw. er mit mir spricht.	☐	☐
2. Ich verstehe die Sendungen am Radio oder im Fernsehen gut, wenn sie auf Hochdeutsch sind.	☐	☐
3. Ich verstehe ein bisschen Deutschschweizer Dialekt, aber ich kann nicht sprechen.	☐	☐
4. Ich verstehe meine Kolleginnen und Kollegen sehr gut.	☐	☐
5. Ich bitte die Leute immer, mit mir Hochdeutsch zu sprechen.	☐	☐
6. Wenn ich Deutsch spreche, verstehen mich alle sehr gut.	☐	☐
7. Wenn ich Deutsch spreche, mache ich fast keine Fehler mehr.	☐	☐
8. Ich habe keine Mühe, Deutsch zu lesen.	☐	☐
9. Ich verstehe Texte in Jugendzeitschriften gut.	☐	☐
10. Ich finde fast nie deutsche Wörter, die ich nicht verstehe.	☐	☐
11. Wenn ich Deutsch schreibe, mache ich fast keine Fehler.	☐	☐
12. Ich schreibe gern auf Deutsch.	☐	☐

Wie viele «nein» hast du angekreuzt? ☐
Denk einmal nach! Warum hast du «nein» angekreuzt?
Was könntest du ändern? Besprich deine Antworten mit deinen Kolleginnen und Kollegen.

3. Wie kannst du dein Deutsch verbessern?
Such dir einige Tipps aus und schreib sie auf ein grosses Blatt.
Besprich dann die gewählten Tipps mit deinen Kolleginnen und Kollegen.

1. Ich lese jeden Tag einen Artikel aus meiner Lieblingszeitschrift.
2. Ich schreibe jede Woche einen Brief an meine Freundin.
3. Ich sehe vor allem deutschsprachiges Fernsehen.
4. Ich treffe mich einmal in der Woche mit einem Freund, der nur Deutsch spricht.
5. Ich lerne mit «Kontakt 2» weiter.
6. Ich lese jede Woche einen deutschsprachigen Comic.
7. Ich schreibe jeden Abend in mein Tagebuch, was geschehen ist.
8. Ich telefoniere zweimal in der Woche mit deutschsprachigen Freundinnen und Freunden.

ANHANG

Hörtexte Einheit 1

Seite 12
2. 80 Hefte; 36 Bleistifte; 15 Füllis; 210 Patronen; 24 Lineale; 33 Gummis; 120 Kreiden; 70 Stundenpläne; 42 Bücher; 12 Wörterbücher; 300 Zeichenblätter; 59 Farbstifte; 48 Filzstifte; 2 Kugelschreiber; 25 Ordner; 7 Spitzer; 20 Malkästen; 11 Pinsel; 13 Zirkel; 3 Papierblöcke

Seite 14
4. Also, hier sind die Preise. Ein Heft kostet Fr. 1.20. Ein Fülli kostet Fr. 17.–. Eine Patrone für den Fülli kostet 15 Rappen. Ein Filzstift kostet nur 60 Rappen. Ein Etui ist teuer. Es kostet Fr. 36.–. Auch ein Malkasten kostet viel: Fr. 19.20. Ein Bleistift ist billig, nur 30 Rappen. Ein Spitzer kostet Fr. 1.30. Und ein Gummi 50 Rappen. Ein Pinsel kostet Fr. 3.20. Ein Lineal kostet nur Fr. 1.80. Ein billiger Kugelschreiber kostet Fr. 2.10. Ein Wörterbuch kostet Fr. 18.–. Ein Ordner kostet Fr. 6.90. Und eine Schere kostet Fr. 7.70.

Seite 15
2. Am Radio: Guten Abend, liebe Zuhörerinnen und Zuhörer. Es ist jetzt genau 21 Uhr 15, und wir bringen das Wunschkonzert …
Am Telefon: Beim nächsten Ton ist es 12 Uhr 33 Minuten null Sekunden.
Am Bahnhof: Der Zug nach Mailand um 8 Uhr 03 fährt auf Gleis 7.
Im Tram: Leitstelle Zeitansage 14 Uhr 00

4. Am Morgen: 1. Wie spät ist es? – Es ist genau sechs Uhr. 2. Du, wie spät ist es jetzt? – Es ist Viertel nach sechs. 3. Können Sie mir sagen, wie spät es ist? – Ja, fünf nach halb zehn. 4. Entschuldigung, wie spät ist es? – Jetzt ist es genau elf Uhr.
Am Nachmittag und am Abend: 1. Du, wie spät ist es? – Es ist fünf vor halb drei. 2. Du, wie spät ist es jetzt? – Es ist erst Viertel vor acht. 3. Können Sie mir sagen, wie spät es ist? – Es ist halb elf. 4. Entschuldigung, wie spät ist es? – Leider schon fünf vor zwölf.

Seite 16
7. 1. Können Sie mir sagen, wie spät es ist? – Ja, fünf nach halb zehn. 2. Entschuldigung, wie spät ist es? – Leider schon fünf vor halb zwölf. 3. Du, wie spät ist es jetzt? – Schon halb elf. Wir müssen gehen. 4. Hallo, hallo, können Sie mir sagen, wie spät es ist? – Wie bitte? Wie spät ist es? – Ach so! fünf nach acht. – Danke! – Bitte. 5. Komm jetzt, es ist schon vier Uhr. 6. Hast du eine Uhr? – Ja. – Wie spät ist es? – Viertel vor. – Viertel vor was? – Viertel vor zwei, natürlich. 7. Hey, psst, wie spät ist es? – Zehn vor zwölf, es läutet gleich!

Seite 20
3. 1. – Guten Tag Frau Balsiger. Ich habe Sie schon lange nicht mehr gesehen. Wie geht es Ihnen?
   – Guten Tag Herr Fischer. Ach …
2. – Sali Peter. Na, wie gehts?
   – Es geht so. Und dir? Wie geht es dir?
3. – Hoi zäme. Was macht ihr?
   – Wir lernen das Diktat. Kannst du es schon?
4. – Tschau Marijana. Hast du die Turnsachen?
   – Guten Tag Herr Good. Natürlich!
5. – Entschuldigen Sie bitte. Wie spät ist es?
   – Es tut mir leid. Das kann ich Ihnen nicht sagen. Ich habe keine Uhr.
6. – Du!
   – Wer, ich?
   – Ja du! Bist du neu hier?
   – Ja. Warum?
7. – Ich heisse Christian. Und du?
   – Ich nicht. Lass mich in Ruh!
8. – Woher kommen Sie?
   – Wer, ich?
   – Ja, Sie! Woher sind Sie?
   – Ich komme aus Lugano.

Seite 21
2. 1. – Linda, hör gut zu. Schreib die Übung in dein Heft und korrigier sie dann selbst.
   – O.k. Ich habe verstanden.
2. – Frau Balsiger, kommen Sie bitte. Erklären Sie mir diese Übung. Ich versteh das nicht.
   – Moment, Moment, ich komme gleich!
3. – Hei, Alina, komm her. Nimm das Buch mit. Wir üben zusammen.
   – Nein, komm du zu mir.
4. – Gabor, komm nach vorn und schreib den Satz an die Wandtafel. Pass aber auf. Mach ja keine Fehler.
   – Mmh! Ja, ja!
5. – Was machst du da? Geh an deinen Platz und setz dich!
   – Ich geh ja schon!
6. – Schauen Sie, Herr Good. Schauen Sie. Ich kann es jetzt.
   – Sehr gut, sehr gut. Mach weiter so.
7. – Frau Berger, hören Sie hier auf der CD.
   – Ja, was ist?
   – Hören Sie es nicht? Es ist doch anders als im Buch!
8. – Komm mit! Komm doch mit! So komm doch jetzt mit!
   – Warum?
   – Ja, dann geh! Geh doch! So geh doch jetzt!
   – Wohin?
   – Also gut, dann bleib halt!

Hörtexte Einheit 2

Seite 24 und 25
1. 1 Hallo, ich heisse Markus und komme aus Österreich. Ich bin fünfzehn Jahre alt und wohne seit zwei Jahren in der Schweiz. Ich mag bunte T-Shirts.
2 Tschau. Mein Name ist Fadime. Das ist ein türkischer Name. Ich bin zwölf und seit vier Jahren in der Schweiz. Was ich mag, das sind Jeans.
3 Guten Tag. Ich heisse Carmela. Mein Heimatland ist Italien. Seit zwei Jahren lebe ich in der Schweiz. Ich bin jetzt sechzehn Jahre alt und spreche Italienisch, Deutsch und ein wenig Französisch. Ich liebe rosa Kleider.
4 Sali, ich bin Jeghan und komme aus Sri Lanka. Ich bin vierzehn Jahre alt. Seit zwei Jahren bin ich in der Schweiz. Ich trage am liebsten weisse Hemden.
5 Ich heisse Pedro. Ich komme aus Portugal. Mein Dorf heisst Sobreda. Ich bin siebzehn Jahre alt und seit sechs Jahren in der Schweiz. Ich spreche gut Deutsch. Mir gefällt die Schweiz, aber ich liebe Portugal noch mehr. Ich mag gestreifte T-Shirts. Am Donnerstagabend und am Samstag arbeite ich in einem Kleidergeschäft. Damit verdiene ich mein Taschengeld, und ich kann meine Kleider selbst kaufen.
6 Guten Tag. Mein Name ist Lydia. Ich komme aus Mazedonien und spreche Mazedonisch, Deutsch und Französisch. Ich bin fünfzehn und schon seit fünf Jahren in der Schweiz. Ich liebe lange Haare.

Seite 26

2. 1 Super Angebot: Zwei Krawatten für nur sieben Franken.
   2 Pullover für den Winter. So billig wie noch nie. Greifen Sie zu.
   3 T-Shirts im Multipack: Drei Stück nur achtzehn Franken.
   4 Die neuen Modefarben? Blau und Grün! Probieren Sie die Jacken für kalte Tage. Soeben eingetroffen.
   5 Wenn es kalt wird, brauchen Sie warme Schuhe. Wir haben für Sie alles, was Sie brauchen.
   6 Ein Mantel muss nicht teuer sein. Kommen Sie in den zweiten Stock. Sie finden eine grosse Auswahl und günstige Preise.
   7 Praktische Jupes finden Sie in der Damenabteilung im Parterre.
   8 Weisse Hemden passen immer. Wir haben auch für Sie das passende Modell. Kommen Sie in die Herrenabteilung im dritten Stock.
   9 Fünfzehn Franken für fünf Paar Socken? Bei uns ist das möglich. Spezialangebot im Parterre.
   10 Elegante Kleider für Damen mit gutem Geschmack. Kommen Sie jetzt in die Damenabteilung. Wir beraten Sie gern persönlich.

Seite 28

2. 1. sein, seine; sein; seine
   2. deine; meine; Deine; dein; Meine
   3. Sein; Ihre; Ihre; ihr; ihre; ihre; ihre
   4. Seine; sein

Seite 30

4. 1. Was braucht Carmela?
   Carmela: Ich habe keine Skihose. Kannst du mir eine ausleihen?
   Lydia: Du kannst meine alte haben. Mir ist sie zu klein.
   Carmela: Hast du eine neue?
   Lydia: Ja. Was brauchst du noch?
   Carmela: Ich brauche noch einen Schal und eine Mütze.
   Lydia: Gut. Hast du Handschuhe?
   Carmela: Nein. Kannst du mir auch Handschuhe geben?
   Lydia: Ja, hier. Probier sie. Passen sie?
   Carmela: Ja. Vielen Dank für alles. Ich gebe sie dir nach dem Skitag zurück.

   2. Was braucht Jeghan?
   Herr Good: Jeghan hat keine Skischuhe. Wer kann Skischuhe, Grösse 41, ausleihen?
   Markus: Mein Bruder braucht seine Skischuhe nicht. Er hat Grösse 41.
   Herr Good: Gut, Markus bringt Skischuhe für Jeghan mit.
   Jeghan: Ich brauche auch eine Skihose.
   Markus: Eine Skihose kann ich auch mitbringen. Brauchst du auch eine Skijacke?
   Jeghan: Nein, eine Skijacke habe ich selber.

   3. Was braucht Alina?
   Frau Berger: Wer kann nicht skifahren?
   Alina: Ich.
   Frau Berger: Hast du einen Schlitten?
   Alina: Nein.
   Frau Berger: Alina braucht einen Schlitten.
   Linda: Ich habe einen Schlitten für zwei. Wir können zusammen schlitteln.
   Frau Berger: Alina, brauchst du sonst noch etwas?
   Alina: Ich habe keine Stiefel.
   Frau Berger: Welche Grösse hast du?
   Alina: Grösse 37.
   Frau Berger: Ich habe zu Hause ein Paar. Ich bringe die Stiefel morgen mit. Brauchst du noch eine Mütze oder einen Schal?
   Alina: Ich habe einen Schal. Aber keine Mütze.
   Frau Berger: Gut, ich bringe auch eine Mütze mit.

Seite 31

7. Markus: Ich heisse Markus. Ich bin 1 Meter 60 gross und 60 Kilo schwer.
   Carmela: Ich bin 1.47 gross und 45 Kilo schwer. Ah ja – Carmela heisse ich.
   Fadime: Mein Name ist Fadime. Ich bin 1 Meter 50 gross und 45 Kilo schwer.
   Songül: Ich bin Songül. 1.65 gross und 55 Kilo schwer.
   Anna: Anna. 1.69 gross und 53 Kilo schwer.
   Jeghan: Jeghan. 1 Meter und 54 Zentimeter, 49 Kilo.
   Daniel: Daniel. Grösse 1 Meter 74. Gewicht 62 Kilo.
   Lydia: Also, ich bin Lydia. Mit Ypsilon. Ich bin 1 Meter, 59 Zentimeter gross, und ich wiege 56 Kilo.

Seite 38

3. Steh auf. Atme tief ein und aus. Nochmals drei Mal gleich schnell: einatmen und ausatmen, einatmen, ausatmen, einatmen und ausatmen. Gut. Leg dich nun langsam auf den Rücken und schliess die Augen. Jetzt legst du deine Hände auf den Bauch. Atme weiter tief ein und aus, ein und aus, ein und aus. Leg jetzt die linke Hand auf das linke Auge. Leg jetzt die rechte Hand auf das rechte Auge. Atme wieder tief ein und aus, einatmen und ausatmen, einatmen und ausatmen. So. Leg jetzt beide Hände neben deinen Körper. Deine Augen sind immer noch zu. Strecke jetzt den rechten Fuss, und wieder zurück. Strecke jetzt den linken Fuss, und wieder zurück. Spüre deine Füsse. Sind sie warm? Gut. Bleib ruhig liegen. Atme wieder tief ein und aus, einatmen und ausatmen, einatmen und ausatmen. So. Streiche jetzt mit beiden Händen über dein Gesicht. Öffne die Augen. Steh langsam auf. Schüttle die Hände. Schüttle zuerst den rechten Fuss, dann den linken Fuss. Schüttle langsam den Kopf. So. Und jetzt wieder einatmen und ausatmen, einatmen und ausatmen, einatmen und ausatmen.

Seite 38

4. Seid ihr bereit? O.k., es geht los. An Ort rennen. Schön langsam. So. Rennt bitte weiter und schüttelt die Hände, einmal unten, einmal oben, einmal unten, einmal oben. Noch einmal. Bleibt stehen, spreizt die Beine, legt die Hände auf den Kopf und dreht den Oberkörper. Nach links, nach rechts, nach links, nach rechts und noch einmal nach links, nach rechts. Berührt jetzt mit der linken Hand den rechten Fuss und jetzt mit der rechten Hand den linken Fuss. Und noch einmal rechts, links, rechts, links, rechts, links. So. Streckt jetzt langsam den Rücken und beugt euch langsam wieder nach vorn, bis ihr mit den Händen die Füsse berührt. Und noch einmal langsam strecken und beugen, strecken und beugen und strecken und beugen und nur noch strecken. Bleibt gerade stehen, und atmet tief durch. Das wärs für heute. Tschüss, bis zum nächsten Mal bei «Mach mit, bleib fit».

Seite 38

6. Zeichne einen grossen Kopf. Zeichne drei Augen auf die Stirn. Zeichne links und rechts ein Ohr. Zeichne einen grossen Mund und eine kleine Nase. Zeichne drei Haare auf den Kopf. Der Kopf steht auf zwei Füssen mit fünf Zehen. Gefällt er dir? Das ist ein Kopffüssler.

Seite 38

7. Zeichne zwei Beine mit Füssen unten auf das Blatt. Zeichne einen grossen Bauch auf die Beine. Zeichne zwei lange Arme mit Händen an den Bauch. Zeichne einen dünnen Hals und einen Kopf. Der Kopf hat keine Haare. Zeichne zwei kleine Augen, eine grosse Nase und einen Mund mit Zähnen. Zeichne zum Schluss einen Hut auf den Kopf. Häng das Bild an die Wand.

Seite 39

4. ein; einen; Seifen; drei; beeilt; Zeit; Eingang; zwei; frei; Kleider

Seite 39

5. 1. Schal (2.);   2. schieben (1.);   3. schein (2.);
   4. Schatz (2.);   5. schon (2.);   6. schminken (1.)

Hörtexte Einheit 3

Seite 40

1. 1 Ivan: Entschuldige, kannst du mir sagen, wo der Jugendtreff ist?
   Frau: Dr Jugendträff?
   Ivan: Ja, Gheidweg 2 ist die Adresse, glaub ich.
   Frau: Also, da gasch zerscht vor em Bahnhof über d Brugg un dänn duruf …
   Ivan: Äh, Entschuldigung, ich verstehe kein Schweizerdeutsch. Kannst du Hochdeutsch sprechen?
   Frau: Aha, ja sicher! Also, vor dem Bahnhof gehst du über die Brücke. Dann immer geradeaus bis zur St.-Martins-Kirche. Dann nach links. Beim Einkaufszentrum musst du rechts gehen. Dann so nach 100 Metern links über die kleine Brücke. Dort siehst du den Treff dann schon.
   Ivan: Ist es weit zu Fuss?
   Frau: Nein, eigentlich nicht. So ungefähr 15 Minuten.
   Ivan: Also, über die Brücke, dann links und dann rechts.
   Frau: Genau, und dann immer geradeaus bis zur kleinen Brücke. Es ist ganz einfach.
   Ivan: O.k. Das finde ich schon.
   Frau: Ja, sonst fragst du einfach noch einmal.
   Ivan: O.k. Danke vielmals.
   Frau: Tschüss.
   Ivan: Tschüss.

2 Kunde: Uf Wiederseh.
   Beamter: Uf Wiederluege und schöni Reis.
   Kunde: Grüezi, eimal Züri retour, 2. Klass.
   Beamter: Mit Halbtax?
   Kunde: Ja, ich han es Halbtaxabonnement.
   Beamter: Das macht füfzäh füfzg, bitte.
   Kunde: Ja!
   Beamter: Und vier Franke füfzg retour.
   Kunde: Danke, uf Wiederseh.
   Beamter: Uf Wiederluege und schöni Reis.

3 Chalid: Entschuldigen Sie, können Sie wechseln? Ich brauche Kleingeld zum Telefonieren.
   Frau: Es tut mir leid. Ich habe selber kein Münz mehr. Fragen Sie doch dort drüben am Kiosk.

4 Frau: Entschuldigen Sie, ich habe gestern an der Bushaltestelle hier vor dem Bahnhof eine Einkaufstasche vergessen. Gibt es hier ein Fundbüro?
   Beamter: Ja, wissen Sie, wir haben hier in der Stadt zwei Fundbüros. Eines ist hier im Bahnhof. Gleich dort drüben. Das andere ist im Stadthaus bei der Stadtpolizei.
   Frau: Ah, vielen Dank. Ich probier es zuerst hier im Bahnhof.

5 Kundin: Guten Tag, ich hätte gerne den Corriere del Ticino.
   Verkäuferin: Grüezi. Tut mir leid, der Corriere ist noch nicht da. Er kommt erst um halb elf Uhr.
   Kundin: Schade. Mmh, dann nehme ich eben das Tagblatt.
   Verkäuferin: Ja gerne. Das macht 1 Franken 50.
   Kundin: Wo ist denn jetzt mein Portemonnaie? Ah, da.
   Verkäuferin: Und 50 Rappen macht 2 Franken. Danke und auf Wiedersehen.
   Kundin: Auf Wiedersehen.

6 Polizist: He, he, halt! Stop! Velofahre isch da verbotte!
   Jugendlicher: Wie bitte? Ich habe nicht verstanden.
   Polizist: Velofahren ist hier verboten!
   Jugendlicher: Oh, Entschuldigung! Ich wusste das nicht.
   Polizist: Ja, das kann jeder sagen! … Und die Velomarke fehlt auch!
   Jugendlicher: Äh, bitte? Was fehlt?
   Polizist: Die Velomarke, hier! In der Schweiz braucht man eine Velomarke!
   Jugendlicher: Oh, das wusste ich auch nicht.
   Polizist: Ich müsste dir eine Busse geben.
   Jugendlicher: Wissen Sie, ich bin erst seit einem Monat in der Schweiz. Und das Velo hat mir mein Onkel geliehen.
   Polizist: Aha. Und dein Onkel hat dir nichts von der Velomarke gesagt.
   Jugendlicher: Nein. Leider nicht.
   Polizist: Also gut. Die Velomarke kannst du auf der Post kaufen. Und denk dran: Im Bahnhof musst du das Velo stossen. Verstanden?
   Jugendlicher: Ja. Vielen Dank. Auf Wiedersehen.

7 Reisender: Wann fährt jetzt mein Zug? Äh. 7.51 Uhr nach Bern, 7.51 Uhr nach Bern.
   Jugendliche: Exgüse, darf ich schnell?
   Reisender: Entschuldigung, junge Frau. Können Sie mir bitte helfen? Ich habe meine Brille vergessen. Auf welchem Gleis fährt der Zug um 7.51 Uhr nach Bern?
   Jugendliche: 7.51 Uhr nach Bern? Da. Ihr Zug fährt auf Gleis 9.
   Reisender: Danke vielmals und schönen Tag.
   Jugendliche: (wegrennend) Gern geschehen.

Seite 49

1. 1. Szene
   Chalid: Guten Tag, ich hab mein Portemonnaie verloren. Ist hier das Fundbüro?
   Polizist: Gehen Sie diesen Gang entlang. Das dritte Büro links ist das Fundbüro.
   Chalid: Vielen Dank.

2. Szene
Beamtin: Guten Tag.
Chalid: Guten Tag. Ich hab mein Portemonnaie am Bahnhof in einer Telefonkabine vergessen. Hat es vielleicht jemand abgegeben?
Beamtin: Wann genau war das?
Chalid: Ich bin um 13.10 Uhr mit dem Zug angekommen. Dann habe ich Geld gewechselt. Etwa um 13.20 Uhr habe ich telefoniert.
Beamtin: Wie sieht das Portemonnaie aus?
Chalid: Es ist rot mit einem grünen Streifen.
Beamtin: Wie ist Ihr Name?
Chalid: Chalid Abdul.
Beamtin: Was hatten Sie genau in Ihrem Portemonnaie?
Chalid: Etwa fünfzig Franken, meinen Ausweis, mein Abonnement und ein Zugbillett.
Beamtin: Sie haben Glück. Vor einer halben Stunde war eine Frau hier und hat das Portemonnaie abgegeben.
Chalid: Ja, ich hab wirklich Glück ... Kann ich die Adresse der Frau haben? Ich möchte ihr eine Karte schreiben und mich bedanken.
Beamtin: Ich schreibe Ihnen die Adresse auf.
Chalid: Vielen Dank und schönen Abend.
Beamtin: Auf Wiedersehen.

Seite 51
4. In der Deutschschweiz sprechen die meisten Leute Dialekt. Die Dialekte sind sehr verschieden. Ich komme aus ... und spreche ...deutsch.

Seite 53
2. 1. hin (1.); 2. her (2.); 3. hoffen (3.); 4. halt (2.); 5. Haus (1.); 6. Hals (2.)

Seite 53
3. Heute Abend geht Hans zu Herbert.   Aha!
Heute Abend geht Herbert zu Heinz.   Oh?!
Heute Abend geht Heinz zu Hanna.   So, so!!
Heute Abend geht Hanna zu Hans.   Aber, nein!

Seite 53
4. Hat Hans gestern Abend Herbert gesehen?   Nein!!
Hat Herbert gestern Abend Heinz gesehen?   Auch nicht!
Hat Heinz gestern Abend Hanna gesehen?   Leider nicht.
Hat Hanna gestern Abend Hans gesehen?   Hm-m!

Seite 53
4. 1. Schüler; 2. Uhr; 3. Tuch; 4. Bücher; 5. Stühle; 6. Kuchen

Seite 53
5. 1. küssen; 2. Ziege; 3. vier; 4. Tür; 5. pflücken; 6. Schlüssel

Seite 53
6. Zwei Brüder, Urs und Ulrich, üben die Laute U, ü und i. Urs sagt: «Viel Vergnügen, liebe Brüder, beim Üben.» Ulrich sagt: «Im Frühling üben die lieben Schüler viel.» Und Urs spricht weiter: «Im Frühling blühen die Blumen. Da üben die Schülerinnen nicht.» Urs und Ulrich müssen über ihre dumme Übung lachen.

Hörtexte Einheit 4

Seite 56
1. Wir teilen das Jahr in zwölf Tierkreiszeichen ein. Das Geburtsdatum gibt an, in welchem Tierkreiszeichen jemand geboren ist. Ich beginne mit den Geburtsdaten im Frühling, weil da die Natur erwacht.

– Vom einundzwanzigsten März bis am zwanzigsten April ist das Tierkreiszeichen Widder. Auf Lateinisch heisst Widder Aries. Das Zeichen zeigt das Tier mit den zwei Hörnern, und das Symbol sieht ähnlich aus wie die Hörner.

– Vom einundzwanzigsten April bis am zwanzigsten Mai ist das Tierkreiszeichen Stier, auf Lateinisch Taurus. Den Stier erkennen wir an seinen beiden Hörnern und an seinem Buckel. Das Symbol zeigt die Hörner mit dem Gesicht.

– Vom einundzwanzigsten Mai bis am einundzwanzigsten Juni ist das Tierkreiszeichen Zwillinge. Die Zwillinge haben es gut. Sie sind immer zu zweit, was du auch auf dem Symbol siehst. Auf Lateinisch heisst Zwillinge Gemini.

– Vom zweiundzwanzigsten Juni bis am zweiundzwanzigsten Juli ist das Tierkreiszeichen Krebs. Kennst du den Krebs? Er geht rückwärts. Das Symbol zeigt seine grossen Scheren. Auf Lateinisch heisst Krebs Cancer.

– Vom dreiundzwanzigsten Juli bis am dreiundzwanzigsten August ist das Tierkreiszeichen Löwe. Den Löwen kennst du sicher. Auf Lateinisch heisst der Löwe Leo. Das Symbol sieht aus wie eine Haarlocke.

– Vom vierundzwanzigsten August bis am dreiundzwanzigsten September ist das Tierkreiszeichen Jungfrau, auf Lateinisch Virgo. Das Symbol sieht aus wie ein diagonal durchgestrichenes kleines m. Man sagt, Jungfrauen seien sehr genau.

– Wer zwischen dem vierundzwanzigsten September und dem dreiundzwanzigsten Oktober geboren ist, gehört zum Tierkreiszeichen Waage. Die Waage ist manchmal im Gleichgewicht, manchmal ist sie auf der einen Seite schwerer oder leichter. Waage auf Lateinisch heisst Libra. Beim Symbol siehst du das Gleichgewicht gut.

– Wer zwischen dem vierundzwanzigsten Oktober und dem zweiundzwanzigsten November geboren ist, gehört zum Tierkreiszeichen Skorpion. Auf Lateinisch ist es fast das gleiche Wort, Scorpio. Das Symbol des Skorpions sieht ähnlich aus wie das Symbol der Jungfrau, nur hat es keine diagonale Linie.

– Wer zwischen dem dreiundzwanzigsten November und dem zweiundzwanzigsten Dezember geboren ist, gehört zum Tierkreiszeichen Schütze. Der Schütze ist abgebildet mit einem Bogen und einem Pfeil. Den Pfeil siehst du auch im Symbol. Schütze auf Lateinisch heisst Sagittarius.

– Vom dreiundzwanzigsten Dezember bis am zwanzigsten Januar ist das Tierkreiszeichen Steinbock. Auch er hat zwei Hörner. Das Symbol ist wie eine Sieben ohne Querstrich, dafür mit einem Kreis. Auf Lateinisch heisst der Steinbock Capricornus.

– Wer zwischen dem einundzwanzigsten Januar und dem achtzehnten Februar geboren ist, gehört zum Tierkreiszeichen Wassermann. Der Wassermann ist abgebildet mit der Wasserfrau. Das Symbol zeigt deutlich die Wellen im Wasser. Wassermann heisst auf Lateinisch Aquarius.

– Wer zwischen dem neunzehnten Februar und dem zwanzigsten März geboren ist, gehört zum Tierkreiszeichen Fische. Beim Zeichen siehst du zwei Fische, das Symbol zeigt ein grosses auseinanderlaufendes H. Auf Lateinisch heisst Fische Pisces.

Seite 62
4. Interviewer: Wir haben hier im Studio drei Gäste. Costa, du gehst noch zur Schule. Wie alt bist du?
Costa: Ich bin fünfzehn.
Interviewer: Weiter begrüsse ich Herrn Stern. Er ist Elektriker. Und Frau Manser. Sie ist Postangestellte. Beginnen wir gleich bei Ihnen, Frau Manser. Was essen Sie zum Frühstück?
Frau Manser: Also zum Frühstück esse ich schwarzes Brot mit Butter und Konfitüre. Ich mag die bittere Orangenkonfitüre besonders gern.
Interviewer: Und du, Costa, was magst du am liebsten zum Frühstück?
Costa: Ich trinke gern frischen Orangensaft.
Interviewer: Herr Stern, was essen Sie, wenn Sie am Mittag nicht viel Zeit haben?
Herr Stern: Ich esse dann am liebsten heisse Würstchen mit scharfem Senf und dazu weisses Brot.
Interviewer: Und Sie Frau Manser?
Frau Manser: Im Winter habe ich zum Mittagessen am liebsten eine heisse Suppe.
Interviewer: Costa, was hast du am liebsten, wenn du nicht zu Hause isst?
Costa: Am Samstag gehe ich meistens in die Stadt. Dann esse ich am liebsten eine riesige Portion Pommes frites und einen grossen Hamburger.
Interviewer: Was haben Sie besonders gern zum Dessert?
Frau Manser: Ich mag gelbe Trauben und einen milden Käse dazu.
Herr Stern: Nach dem Nachtessen habe ich gern einen schwarzen Kaffee.
Interviewer: Was essen Sie zwischendurch, zum Beispiel zum Znüni oder zum Zvieri?
Frau Manser: Zum Znüni kaufe ich mir frische Früchte.
Herr Stern: Ich esse besonders gern ein hartes Ei mit Mayonnaise.
Costa: Zum Znüni habe ich am liebsten einen roten Apfel.
Frau Manser: Und ich trinke im Sommer gern ein kaltes Mineralwasser.
Interviewer: Was essen Sie heute Abend?
Frau Manser: Ich esse einen grünen Salat.
Herr Stern: Ich esse Spaghetti mit einer scharfen Sauce.
Costa: Ich weiss noch nicht, was mein Vater kocht. Ich mache auf jeden Fall mein Lieblingsdessert: eine kalte Zitronencrème.
Interviewer: Haben Sie noch etwas, das Sie sehr gern essen?
Herr Stern: Also am Sonntag esse ich zum Frühstück immer ein weiches Ei. Das gehört einfach dazu.
Interviewer: Ich danke für das Gespräch, und wir machen weiter mit Musik. Der erste Titel: «Gelato al limone».

Seite 67
4. Woche; Mädchen; möchte; möchte; Ich; dich; Ich dich auch; nicht; nicht; richtig; Vielleicht; wirklich; Ich liebe dich; vielleicht; Woche; Ich liebe dich; Vielleicht auch nicht.

Seite 67
3. heute Abend; Leute; neue; Eugen; teuer; Feuer; neugierig

Hörtexte Einheit 5

Seite 75
2. Ich habe mir überlegt, was ich in den Ferien machen soll. Ich wollte etwas arbeiten, und Landdienst fand ich eine gute Idee. Ich kam zu Familie Gisler in Braunwald. Die Gislers, das sind Herr und Frau Gisler, Monika, sie ist 14 Jahre alt, Peter, er ist 15, und Rolf, er ist 17 und macht eine Lehre als Landwirt. Die Familie hat 12 Kühe und natürlich auch Rinder und Kälber. Da gibt es viel Arbeit. Ich bin früh aufgestanden. Zuerst hab ich beim Melken geholfen. Dann musste ich die Kühe striegeln. Nach dem Melken brachte ich die Kühe auf die Weide. Das ist schwierig, denn die Kühe gehen oft einen falschen Weg, und der Weg zu den Weiden ist lang. Ich wollte die Kühe nicht schlagen, wie die Bauern es tun. Mit den Kühen habe ich viel erlebt. Einmal sollte eine Kuh ein Kalb bekommen. Ich durfte mit Rolf, Peter und Monika im Stall übernachten, und Herr Gisler sagte: «Wenn das Kalb kommt, ruft ihr mich sofort.» Wir haben natürlich nicht geschlafen, sondern Karten gespielt und Witze erzählt. Auf einmal kam das Kalb. Wir riefen Herrn Gisler. Zum Glück ist alles gut gegangen. Das war ein sehr schönes Erlebnis.
Ich habe nicht nur mit Kühen gearbeitet. Ich habe auch anderes gemacht. Zum Beispiel habe ich Frau Gisler bei der Wäsche geholfen. Manchmal half ich eine Maschine reparieren, und einmal hab ich sogar eine Wasserleitung gereinigt. Manchmal hatte ich am Nachmittag frei. Jeden Morgen holt ein Lastwagen die Milch ab. Ich muss sagen, dass die Bauern nicht gerade viel bekommen für die Milch. Sie müssen wirklich hart arbeiten und verdienen wenig. Deshalb finde ich es gut, wenn die Leute in den Landdienst gehen und den Bauernfamilien etwas helfen.

Seite 81
3. So. Du hast schon einiges über meine Familie gelesen. Jetzt will ich dir erzählen, warum die Familie wieder zurück in die Schweiz kam und wie sich die Familie an das Leben in der Schweiz gewöhnen musste.

Die Familie Winteler lebte damals in Nikolaiev am Schwarzen Meer. Mein Grossvater importierte Landwirtschaftsmaschinen aus den Vereinigten Staaten. Die Familie war sehr wohlhabend. Auch die Familie meiner Mutter, Nina Sorina, war sehr reich und besass viele Häuser in Nikolaiev.

1917 gab es in Russland eine grosse Revolution. Alle, die Land, Häuser oder Firmen besassen, mussten ihren Besitz dem Staat abgeben. So musste auch meine Familie ihre Firma und ihren ganzen Besitz dem Staat geben. Vor 1917 war meine Familie wohlhabend und danach hatte sie fast nichts mehr.

Es war ganz schlimm für uns. Als wir alles verloren hatten, flüchtete meine Familie, das heisst meine Grosseltern, meine Eltern und ich, 1924 in die Schweiz. Wir hatten alle einen Schweizer Pass, und so durften wir Russland verlassen. Damals war ich gerade zwei Jahre alt. Wir fuhren mit dem Schiff von Odessa über Istanbul nach Genua. Danach fuhren wir mit dem Zug in die Schweiz. Niemand von uns kannte die Schweiz. Wir hatten ganz wenig Geld und nur ein paar Kleider. Deshalb fuhren wir zu unserem Bürgerort Mollis, wo wir als Flüchtlinge aufgenommen wurden.

Für alle war das ein fremder Ort. Wir sprachen Russisch, und meine Eltern konnten nur ganz wenig Hochdeutsch. Schweizerdeutsch war für alle ein ganz fremder Dialekt.

Mein Grossvater war schon alt und konnte nicht mehr arbeiten. So musste mein Vater alleine für die ganze Familie sorgen. Aber es gab damals in der Schweiz viele Arbeitslose. Mein Vater war Kaufmann, doch in der Schweiz musste er zuerst viele Jahre als Arbeiter das Geld verdienen und zuerst gut Deutsch lernen. In Mollis arbeitete er als Strassenarbeiter. Das war sehr hart für ihn.

1925 fuhren meine Eltern und ich nach Bern. Meine Grosseltern blieben in Mollis zurück. Mein Vater wollte in Bern eine bessere Arbeit finden. Aber auch in Bern musste er in einer Fabrik arbeiten. Wir wohnten zuerst in einer kleinen, kalten Dachkammer, denn niemand wollte uns eine Wohnung vermieten. Die Hausbesitzer wollten uns keine Wohnung geben, weil wir Russisch sprachen.

Nach langem Suchen vermietete uns eine nette Witwe eine kleine Ein-Zimmer-Wohnung. Dort kam mein Bruder Edgar zur Welt. In dieser Zeit lernte ich Berndeutsch sprechen, aber zuhause sprachen wir immer Russisch.

Später bekam mein Vater eine Anstellung als Verkäufer bei Singer-Nähmaschinen in Zürich. Im Winter 1927/28 zogen wir nach Zürich um. In Zürich ging ich in die 1. Klasse. Die Buben in meiner Klasse lachten mich immer aus und warfen mir Schneebälle nach, weil ich Berndeutsch sprach. Ich lernte deshalb schnell Zürichdeutsch, damit mich niemand mehr auslachen konnte.

Seither lebe ich in Zürich. Meine zwei Kinder, Eliane und Edgar, sind hier geboren. Auch meine Enkelin, das heisst die Tochter meiner Tochter, Corinne, ist in Zürich geboren. Sie ist jetzt 16 Jahre alt. Zürich ist meine Heimatstadt geworden. Aber ein Teil meines Herzens bleibt für immer mit der russischen Sprache und Kultur und mit dem russischen Volk verbunden.

Hörtexte Einheit 6

Seite 87

1. Das war also wirklich spannend in der Arztpraxis. Frau Suhner hat um 8.30 mit der Arbeit angefangen. Zuerst hat sie den Blumen Wasser gegeben.
Um 8.35 ist eine Patientin gekommen. Frau Suhner musste der Patientin Blut nehmen. Dann musste die Patientin in der Toilette Urin lösen. Frau Suhner hat danach das Blut und den Urin untersucht. Zuletzt hat sie die Geräte sterilisiert. Die müssen nämlich ganz sauber sein.
Um fünf vor neun war sie damit fertig. Dann hat sie die Krankengeschichten der Patientinnen und Patienten, die an diesem Tag kommen, bereitgelegt. Im Wartezimmer hatte es schon drei Personen.
Um neun kam eine Frau. Sie war eine neue Patientin und musste ihre Personalien auf ein Formular schreiben. Frau Suhner hat ihr dabei geholfen.
Um zehn nach neun läutete das Telefon. Eine Patientin hat sich abgemeldet, weil sie an dem Tag arbeiten musste. Sie brauchte einen neuen Termin.
Fünf Minuten später kam wieder ein Telefonanruf. Ein Patient wollte einen Termin, weil er immer Magenschmerzen hat.
Um zwanzig nach neun kam die Therapeutin in die Praxis. Frau Suhner hat sie freundlich begrüsst und sagte ihr dann, wer heute zur Therapie kommt.
Um fünf vor halb zehn hat Frau Suhner die Post durchgeschaut und die Briefe versorgt.
Um zwanzig vor zehn läutete wieder das Telefon. Eine Patientin brauchte einen Termin, weil sie Rückenschmerzen hat.
Um Viertel vor zehn kam die neue Patientin aus dem Sprechzimmer heraus und ein anderer Patient ging hinein. Frau Suhner musste für die neue Patientin einen Schwangerschaftstest machen. Das dauerte 15 Minuten. Danach hat sie einen neuen Termin mit der Patientin abgemacht.
Um zehn hat Frau Suhner eine kurze Kaffeepause gemacht. Um zehn nach zehn kam eine ältere Frau zur Tür herein. Frau Suhner begrüsste sie sehr herzlich und plauderte ein wenig mit ihr. Frau Suhner sagte mir nachher, dass diese Frau die älteste Patientin der Praxis ist und dass sie im Jahr 1896 geboren ist.
Um zwanzig nach zehn klingelte wieder das Telefon. Es war eine Patientin, die schon lange nicht mehr in der Praxis war. Sie brauchte einen Termin, weil sie in den letzten Tagen Kopfschmerzen hat. Frau Suhner musste dann auch ihre neue Adresse notieren.
Um halb elf hatte Frau Suhner ein wenig Zeit für die Abrechnungen.
Um Viertel vor elf kam ein Telefonanruf einer Patientin. Sie musste den Termin für die Therapie verschieben, weil sie an diesem Tag eine Prüfung hat.
Um elf Uhr ist Frau Suhner ins Labor gegangen. Dort musste sie verschiedene Tests machen und am Mikroskop arbeiten. Diese Arbeit ist wirklich sehr interessant. Frau Suhner musste immer wieder ans Telefon. Das hat Frau Suhner nicht so gern, weil sie sich nicht so gut konzentrieren kann.
Um zwölf Uhr sind wir dann zusammen mit Frau Dr. Zeyer in die Mittagspause gegangen. Da konnte ich dann alle meine Fragen stellen, und ich habe viel Interessantes …

Seite 88

3. Suhner: Praxis Doktor Zeyer, Suhner, guten Tag.
Lopez: Guten Tag, hier ist Lopez. Ich hätte gern einen Termin bei Frau Dr. Zeyer abgemacht.
Suhner: Ja. Ist es dringend?
Lopez: Ich weiss nicht. Seit einigen Tagen habe ich starke Magenschmerzen.
Suhner: Können Sie heute Nachmittag kommen?
Lopez: O nein, heute ist Montag. Ich muss um 12 Uhr in Olten sein, und vor 18 Uhr komm ich nicht zurück.
Suhner: Und morgen, Dienstag?
Lopez: Das geht auch nicht. Am Dienstag und am Mittwoch bin ich den ganzen Tag weg. Aber am Donnerstag Nachmittag hätte ich Zeit.
Suhner: Dann ist leider die Praxis geschlossen. Am Vormittag hätte ich noch einen Termin um 11.00 Uhr frei.
Lopez: Das geht leider auch nicht. Dann habe ich einen Kurs in Zürich.
Suhner: Und wie sieht es am Freitag aus?

Lopez: Da könnte ich am Morgen kommen. Ich habe erst um halb elf einen Termin in Uster.
Suhner: Gut, dann machen wir für Freitag, den 7. April, um 9 Uhr ab. Ich trage Sie als ersten Patienten ein. Dann sind Sie sicher um 10 Uhr fertig.
Lopez: Fein. Am Freitag um 9 Uhr. Jetzt muss ich eben noch vier Tage mit meinen Magenschmerzen leben.
Suhner: Ja, das tut mir leid. Vielleicht hilft es, wenn Sie keinen Kaffee mehr trinken, nicht rauchen und weniger arbeiten.
Lopez: Ja, ich weiss. Ich versuche es. Auf Wiederhören, Frau Suhner.
Suhner: Auf Wiedersehen, Herr Lopez.

Seite 99
2. Gabel; Garten; Kasse; Gang; kaum; klar

Seite 99
2. danken; Tier; doch; Ton; Dorf; Tante

Seite 99
2. Saal; zehn; nichts; nachts; Zeit; so; Ziegen

Hörtexte Einheit 7

Seite 103
1. Journalistin: In unserer Jugendsendung «Piazza» haben wir heute Sascha zu Gast. Sascha ist 17 Jahre alt. Sascha, gehst du noch zur Schule, oder machst du eine Lehre?
Sascha: Ich mache eine Lehre als Elektromonteur.
Journalistin: Aha! Kannst du etwas über deine Lehre erzählen? Was arbeitest du genau?
Sascha: Zurzeit arbeiten wir an einem Umbau. Ich muss provisorische Kabel einrichten. Später kommen dann die definitiven Installationen.
Journalistin: Gut! Du gehst sicher auch in die Berufsschule.
Sascha: Ja, einen Tag pro Woche. Am liebsten habe ich das Fach Elektrotechnik.
Journalistin: Schön! Sascha, heute geht es ums Thema «Treffs und Cliquen». Wo treffen sich die Jugendlichen in deinem Quartier? Gibt es verschiedene Treffs?
Sascha: Ich treffe meine Kolleginnen und Kollegen im Jugendtreff oder unten beim Park. Beim Park gibt es aber immer wieder Probleme. Die Leute aus den Häusern nebenan sagen, wir machen alles schmutzig. Sie wollen nicht, dass wir uns dort treffen. Einmal ist sogar die Polizei gekommen, weil jemand behauptet hat, dass die Jugendlichen dort Hasch rauchen.
Journalistin: Also trefft ihr euch vor allem im Jugendtreff?
Sascha: Ja.
Journalistin: Und wo habt ihr euch früher getroffen?
Sascha: Als ich jünger war, trafen wir uns immer beim Schulhaus. Dort ist eine grosse Wiese, wo wir Fussball spielten. Ein Nachbar hat sich beschwert, weil es ihm zu laut war. Es wurde dann verboten, dort zu spielen, und es gab in der Nähe auch keinen anderen geeigneten Platz.
Journalistin: Jetzt geht ihr also häufig in den Jugendtreff. Und was macht ihr dort?
Sascha: Wir spielen Billard, Tischfussball, oder wir sitzen einfach zusammen und reden. Man kann auch etwas trinken oder essen, aber man muss nichts konsumieren.
Journalistin: Du triffst dich immer mit denselben Kolleginnen und Kollegen. Ihr seid eine richtige Clique. Kommen manchmal auch neue Leute dazu?
Sascha: Klar, wir kennen uns schon lange und sind immer zusammen. Aber wir sind auch offen für neue Leute. Es gibt auch Cliquen, die lassen niemanden rein. Die gehen dann zum Beispiel immer in den gleichen Jugendtreff und wollen nicht, dass andere Cliquen auch dahin kommen. Das finde ich nicht gut. Es gibt Cliquen, in denen alle aus dem gleichen Land kommen. Die wollen keine anderen Leute bei sich. In unserer Clique sind Leute aus verschiedenen Ländern.
Journalistin: Wie ist das Verhältnis von Mädchen und Jungen?
Sascha: In der Clique sind Mädchen und Jungen. Sonst wäre es ja nicht spannend. Manchmal wollen die Mädchen allein sein oder nur wir Jungen unternehmen etwas zusammen. Aber meistens sind wir alle zusammen.
Journalistin: Sind Drogen eigentlich in eurer Clique ein Thema?
Sascha: Wir wollen nicht, dass in der Clique Drogen wie zum Beispiel Heroin konsumiert werden. Wenn jemand solche Drogen nimmt, soll er das anderswo tun. Er kann dann in die Clique kommen, wenn er nichts genommen hat. Wenn die Leute ‹zu› sind, das heisst eben Drogen genommen haben, ist es nicht spannend, mit ihnen zusammen zu sein. Aber im Moment haben wir in unserer Clique mit Drogen keine Probleme.
Journalistin: Möchtest du abschliessend noch etwas sagen?
Sascha: Ja, dass die Clique für mich sehr wichtig ist. Ich kann nicht einfach zuhause herumsitzen. Natürlich muss ich auch für die Berufsschule lernen. Aber wenn ich die Aufgaben gemacht habe, will ich unbedingt noch die Leute von der Clique treffen. Wir sehen uns eigentlich jeden Tag. Das gehört zu meinem Leben.
Journalistin: Das kann ich mir vorstellen. Sascha, ich danke dir für das Gespräch. Du hast auch noch eine Platte gewünscht. Was ist es?
Sascha: Von Janis Joplin «Me And Bobby Mc Gee» für alle meine Kolleginnen und Kollegen aus der Clique.

Seite 111
4. 1. Wände (1.); 2. Wand (1.); 3. wund (1.); 4. wohnen (2.); 5. wild (2.); 6. wach (2.)